蔣經國大事日記
（1984）

Daily Records of Chiang Ching-kuo, 1984

民國日記｜總序

呂芳上
民國歷史文化學社社長

　　人是歷史的主體，人性是歷史的內涵。「人事
有代謝，往來成古今」（孟浩然），瞭解活生生的
「人」，才較能掌握歷史的真相；愈是貼近「人性」
的思考，才愈能體會歷史的本質。近代歷史的特色之
一是資料閎富而駁雜，由當事人主導、製作而形成的
資料，以自傳、回憶錄、口述訪問、函札及日記最為
重要，其中日記的完成最即時，描述較能顯現內在的
幽微，最受史家重視。

　　日記本是個人記述每天所見聞、所感思、所作為
有選擇的紀錄，雖不必能反映史事整體或各個部分的
所有細節，但可以掌握史實發展的一定脈絡。尤其個
人日記一方面透露個人單獨親歷之事，補足歷史原貌
的闕漏；一方面個人隨時勢變化呈現出不同的心路歷
程，對同一史事發為不同的看法和感受，往往會豐富
了歷史內容。

　　中國從宋代以後，開始有更多的讀書人有寫日記
的習慣，到近代更是蔚然成風，於是利用日記史料作歷

史研究成了近代史學的一大特色。本來不同的史料，各有不同的性質，日記記述形式不一，有的像流水帳，有的生動引人。日記的共同主要特質是自我（self）與私密（privacy），史家是史事的「局外人」，不只注意史實的追尋，更有興趣瞭解歷史如何被體驗和講述，這時對「局內人」所思、所行的掌握和體會，日記便成了十分關鍵的材料。傾聽歷史的聲音，重要的是能聽到「原音」，而非「變音」，日記應屬原音，故價值高。1970年代，在後現代理論影響下，檢驗史料的潛在偏見，成為時尚。論者以為即使親筆日記、函札，亦不必全屬真實。實者，日記記錄可能有偏差，一來自時代政治與社會的制約和氛圍，有清一代文網太密，使讀書人有口難言，或心中自我約束太過。顏李學派李塨死前日記每月後書寫「小心翼翼，俱以終始」八字，心所謂為危，這樣的日記記錄，難暢所欲言，可以想見。二來自人性的弱點，除了「記主」可能自我「美化拔高」之外，主觀、偏私、急功好利、現實等，有意無心的記述或失實、或迴避，例如「胡適日記」於關鍵時刻，不無避實就虛，語焉不詳之處；「閻錫山日記」滿口禮義道德，使用價值略幾近於零，難免令人失望。三來自旁人過度用心的整理、剪裁、甚至「消音」，如「陳誠日記」、「胡宗南日記」，均不免有斧鑿痕跡，不論立意多麼良善，都會是史學研究上難以彌補的損失。史料之於歷史研究，一如「盡信書不如無書」的話語，對證、勘比是個基本功。或謂使用材料多方查證，有如老吏斷獄、法官斷案，取證求其多，追根究柢求其細，庶幾還原

案貌，以證據下法理註腳，盡力讓歷史真相水落可石出。是故不同史料對同一史事，記述會有異同，同者互證，異者互勘，於是能逼近史實。而勘比、互證之中，以日記比證日記，或以他人日記，證人物所思所行，亦不失為一良法。

　　從日記的內容、特質看，研究日記的學者鄒振環，曾將日記概分為記事備忘、工作、學術考據、宗教人生、游歷探險、使行、志感抒情、文藝、戰難、科學、家庭婦女、學生、囚亡、外人在華日記等十四種。事實上，多半的日記是複合型的，柳貽徵說：「國史有日歷，私家有日記，一也。日歷詳一國之事，舉其大而略其細；日記則洪纖必包，無定格，而一身、一家、一地、一國之真史具焉，讀之視日歷有味，且有補於史學。」近代人物如胡適、吳宓、顧頡剛的大部頭日記，大約可被歸為「學人日記」，余英時翻讀《顧頡剛日記》後說，藉日記以窺測顧的內心世界，發現其事業心竟在求知慾上，1930 年代後，顧更接近的是流轉於學、政、商三界的「社會活動家」，在謹厚恂恂君子後邊，還擁有激盪以至浪漫的情感世界。於是活生生多面向的人，因此呈現出來，日記的作用可見。

　　晚清民國，相對於昔時，是日記留存、出版較多的時期，這可能與識字率提升、媒體、出版事業發達相關。過去日記的面世，撰著人多半是時代舞台上的要角，他們的言行、舉動，動見觀瞻，當然不容小覷。但，相對的芸芸眾生，識字或不識字的「小人物」們，在正史中往往是無名英雄，甚至於是「失蹤者」，他們

如何參與近代國家的構建,如何共同締造新社會,不應
該被埋沒、被忽略。近代中國中西交會、內外戰事頻
仍,傳統走向現代,社會矛盾叢生,如何豐富歷史內
涵,需要傾聽社會各階層的「原聲」來補足,更寬闊的
歷史視野,需要眾人的紀錄來拓展。開放檔案,公布公
家、私人資料,這是近代史學界的迫切期待,也是「民
國歷史文化學社」大力倡議出版日記叢書的緣由。

蔣經國大事日記　導言

呂芳上
民國歷史文化學社社長
中央研究院近代史研究所兼任研究員

一、

　　許多人多注意到年輕一代的新新人類，多半要掌握的是立即、當下，要捕捉的是能看得見、聽得到、抓得住的事事物物，視芸芸之人眾生平等，不把「大咖」人物看在眼裡，昨天的事早早忘卻，明天和過去的歷史，更屬虛無又飄渺。即使對一般人，說美國總統川普（Donald Trump），很多人或還記得，談歐巴馬（Barack Obama），即已印象模糊。老蔣、老毛何許人也？知其名未必悉其實，小蔣（經國）、老鄧（小平）印象就沒那麼深刻。在臺灣，坊間對蔣經國評價不一，民間有人把「蔣經國」以臺語諧音說成「酒精國」，雖屬戲謔之語，反見親切。這時代，有人這麼說：一轉身，光明黑暗都成故事；一回眸，歲月已成風景。不過，尋根是人類本性，我們走過「從前」，要說從歷史中尋求如何面對當今問題的智慧，可能太抽象，但問那個時代、那個人物，留下什麼樣足跡？有過何等影響？還是會引發人們找尋歷史源頭的興味的。

　　近代中國歷史堪稱曲折，世界走入中國，用的是兵艦、巨砲，中國走向世界，充滿詭譎與恫嚇。於是時代

的歷史靠著領導者帶著一群菁英，以無比信心、堅韌生命力與靈妙的模仿力和創造力，共同形塑，造成了「今日」。

在歷史往復徘徊中，往往出現能打開出路的引領人。這些有頭、有臉的人物，他們數十年一夢的人生事跡，對天地悠悠之久，雖也一幌即過，但確實活在歷史。最怕的是當代、後世好事者，可能為這些人塗脂抹粉、加料泡製、打磨夯實、描摹包裝、強力推銷，變成「聖賢」或「惡魔」，弄得歷史人物不成「人」形。

生前飽受公議的政治人物，過世之後也得接受歷史的公評，這是無庸置疑。但論孫文只說他為目的不擇手段、評蔣介石說是獨裁無膽、硬把毛澤東功過三七開，都犯了簡化歷史的毛病；論歷史的事情，既不是痛快的一句話可以了結，月旦歷史人物，更不該盲目恭維或肆意漫罵可以了事。歷史人物的品評，需要多樣資料佐證，於是上窮碧落下黃泉所得的「東西」，不能不說當下、即時的紀錄材料，最不能疏忽。這套《蔣經國大事日記》，作為民國、臺灣歷史人物蔣經國及其時代研究的基礎，當之無愧。

二、

蔣經國生於 1910 年，1988 年過世。美國史家史萊辛格（Arthur Schlesinger Jr.）說，二十世紀是一個混亂的世紀，充滿了憤怒、血腥、殘酷；也充滿了勇敢、希望與夢想。蔣經國的一生起伏跌宕夾雜著這些特色。他幼年讀書不算多，1925 年十六歲正當人格成型之際，

被送到冰天雪地的俄國。那段時間，正是史達林掌權清算鬥爭激烈時期，對他來說想必印象深刻，影響一生。西安事變後抗日開戰前（1937 年 3 月），帶著俄國妻子返國，先在家鄉溪口讀書，其後在江西保安處、贛南專區當行政督察專員，過著中層公務員的生活，並依父命師從徐道鄰、汪日章等人，接受經典洗禮，對傳統文化進行「補課」，也零星通曉西方民主、法治觀念，思想因此有進境，難免蕪雜。抗戰時期往來大後方，除了在贛南有一批從龍之士外，在重慶擔任三青團幹校教育長，有了幹校人脈，加上後來在臺組建青年反共救國團，這幾批人無形中成了他後來的政治班底。

蔣經國真正的政治事業是 1950 年代在臺灣開始的，1950 到 1960 年代蔣介石忙於黨的改造、政治革新，積極準備「反攻復國」，至於情治系統、國安、國軍政工事務多交經國負責，這一時期，國外媒體甚至形容他為「神秘人物」。到 1970 年代聯合國席位不保，中日、中美先後斷交，國家處境逆轉，大約此時統理國家的權力也集中到經國身上，威權政治開始有軟化跡象。不過直到 1980 年代中期之後，已深切感受時代在變，環境在變，潮流也不能不變。1986 年 9 月，集大權於一身的經國總統容忍「民主進步黨」成立，等於開放黨禁；10 月中旬決定「解嚴」，次年 7 月 15 日正式實施；接著解除報禁、開放港澳觀光，10 月 15 日准許老兵返大陸探親，民主化邁步向前，對長期威權統治下的臺灣而言，不啻一場寧靜革命。當年擔任總統副手的李登輝，後來在《訪談錄》中，很平實的說了這麼一段

話：「大家講李登輝執政十二年民主改革等等，老實
講，如果這三年八個月中沒有他（蔣經國）在政策上的
變化，我後來的十二年是做不了什麼事的。」

　　同一時期，蔣經國大量起用臺灣省籍菁英，尤其
1972 年出任行政院長後，培養省籍人士不遺餘力，
1984 年在謝東閔副總統之後，提名年輕得多的李登輝
繼之，以當時蔣經國的身體條件和年齡，視為是接班人
選，十分明顯。在行政院長及總統任職期間，蔣經國不
斷走入民間、結交民間友人，1987 年又說出「我也是
臺灣人」的話語，姑不論是否為政治語言，政權本土化
的意味很濃，行動上則多少帶點「蘇俄經驗」味道。

　　1970 年代，國際逆流橫生之外，國內政治異議聲
浪頻起，反對勢力運動勃發，規模不斷擴大，手段益趨
激烈，當時臺灣幾乎有人心惶惶之感。這期間，1973
年及 1979 年碰到兩次石油危機、國際金融風暴。幸賴
十大建設、六年經建計畫等的財經擘劃，安然渡過危
局，「臺灣奇蹟」的締造，蔣經國與有功焉。長時間陪
侍兩蔣身邊的御醫熊丸說，小蔣極為儉樸，樂與民眾接
近，但城府深、表裡不一，恩威難測，並非好相處的朋
友；已過世、有點不合時宜，與經國交過手的財經專家
王作榮，佩服蔣與巨商大賈保持距離，但也直說，蔣經
國是俄國史達林文化與中國包青天文化的混合產物。顯
示這位國家領導人多面向的行事與風格，仍大可有進一
步研究的空間。

三、

　　1972 年 6 月，62 歲的蔣經國出任行政院長，實質掌理國政。其後 1978 年膺選為中華民國第六任總統，1984 年連任為第七任總統，不幸任期未滿的 1988 年 1 月 13 日辭世，那年他 78 歲。他一生最後的十六年，可說盡瘁國政，奉獻全部心力於臺灣這塊土地。這位關鍵人物在關鍵時期的政府治理成績斐然，此段時間正是臺灣政治、社會的重要轉型期。這十六年的政府政績即使不稱為「經國之治」，說它是臺灣的「蔣經國時代」，絕不為過。

　　這套《蔣經國大事日記》，涵蓋「蔣經國時代」的十六年，起於 1972 年 5 月 20 日出任行政院長，迄於 1988 年 1 月 30 月奉安大溪止，每日行程幾乎均有如實紀錄。嚴格說這是蔣經國行政院長和兩任總統的行政大事記，原係庋藏於國史館蔣經國忠勤檔案中的一種。原作毛筆、鋼筆文件應出諸經國總統秘書之手，察其所錄，很有總統日常行政實錄意涵。每日記載內容主要為蔣經國擔任院長、總統期間之行止、接見賓客、上山下海巡訪各地，重要會議要點（包括行政院院會、國民黨中常會、中央全會、總統府財經會談、軍事會談）、重要文告、年節談話內容等，大自內政上十項建設的推動，持續三十八年之久的戒嚴宣告解除，反共反獨的宣示，對中共三不（不接觸、不談判、不妥協）政策誓言；國際關係上中日、中美斷交，克來恩（Ray S. Cline）與韓、越「情報外交」，李光耀頻頻秘密來臺的臺新（新加坡）交誼，小至中學生給蔣經國「院長精

神不死」的謝卡小故事，有嚴肅的一面，也見人性幽默的一環。《蔣經國大事日記》如能與蔣經國個人日記搭配，「公」「私」資料，參照互比，將更能清楚見其行事軌跡與作為。故而日記固可補《蔣經國大事日記》之不足（蔣經國日記起於 1937 年 5 月，記至 1979 年 12 月 30 日因視力惡化中止），《蔣經國大事日記》亦正足彌補日記之空闕。故此一資料，當屬研究「蔣經國時代」不可或缺的寶貴史料。

四、

　　這套書記錄 1972 至 1988 年中華民國的國家領導人行政大事，雖簡要，但不失為「蔣學」研究的重要工具書。

　　本來歷史學的研究與編纂，就有「年代學」（Chronology），是以確定歷史事件發生時間的科學，從古代中國《春秋》、《竹書紀年》，到近人郭廷以的《近代史國史事日誌》、《中華民國史事日誌》等，都屬之。這套書一如晉杜預的〈春秋左氏傳序〉所言：「記事者，以事繫日，以日繫月，以月繫時，以時繫年，所以紀遠近，別同異也。故史之所記，必表年以首事。」本書所記，甚至細至以時繫分，明確事件發生時間，提供歷史發展線索，大可作為歷史研究的基礎。對當代民國史、臺灣史研究而言，資料之珍貴，實無過於此。

編輯凡例

一、 本書依照「蔣經國大事日記略稿」編輯，依日期排列。

二、 為便利閱讀，部分罕用字、簡字、通同字，在不影響文意下，改以現行字標示，恕不一一標注。

三、 附件及補充資料以標楷體呈現，部分新聞報導之附件不收錄。

目錄

中華民國 73 年（1984 年）大事日記

中華民國 73 年（1984 年）

1 月 1 日　星期日

今日發表中華民國七十三年元旦祝詞，勉勵全國同胞以蓬勃的朝氣、堅定的信念、剛強的毅力、積極的作為，踏著開國先賢先烈的足跡，朝向國父所策劃的建國宏規大步前進。

上午

九時四十分，在府見謝副總統。

十時，主持中樞「中華民國七十三年開國紀念典禮暨元旦團拜」。首先親切地表達了對全國民眾、各位長輩、三軍將士、公教人員的祝福，希望大家身體健康、精神愉快、萬事如意。隨後就宣示了元旦祝詞。

十時十一分，見嚴前總統。

十時四十五分，見汪顧問道淵。

十時五十三分，見張副秘書長祖詒。

下午

三時五十分，在大直寓所見秦主任委員孝儀。

元旦祝詞

親愛的父老兄弟姊妹們：

　　今天是中華民國七十三年的開國紀念日，全國同胞都在熱烈慶祝這一偉大光輝的日子，我們追懷國父和先烈志士締造民國的艱辛，面對隔海共黨奴役下大陸同胞

的苦難，益感雙肩責任的重大。瞻望前程，此時此地，唯當人人奮發惕厲，齊為反共復國的大業貢獻心力，勇敢邁進。

中華民族是在憂患中不斷成長的民族，中華民國是在橫逆中堅強不屈的國家。儘管世變險惡，但是我們為求國家民族的尊嚴、獨立與自由，所展示的決心，從無一刻動搖；所投注的努力，亦從無一日中斷。現今為了動員戡亂，重開中興，更是自立自強，堅忍圖成，乃能鞏固民主憲政的宏規，創造經濟發展的偉績，樹立開發中國家的範型，也屏障了亞太地區的安全。我們深信，今後再多的困難險阻，擋不住我們的意志剛強。只要全民精誠團結，奮鬥不懈，必能有志竟成，再創中華民國的新機運。

消滅共產暴政，解救大陸同胞，重建民主自由平等的中國，是我們奮鬥的終極目標，也是根本解決「中國問題」和確保亞洲永久和平的唯一道路。先總統蔣公早就昭示：「亞洲的災禍，是來自中國大陸。」並且指出：「如要解除亞洲和世界的戰禍，必須要從中國大陸著手，亦即必須由中國共匪之滅亡，而後方得根除。」這是謀求亞洲安定的關鍵，自由世界唯有確切認清了這一關鍵，才能知道：沒有民主自由的中國，就沒有和平的亞洲。而我們中華民國的責任，便是積極致力以民有、民治、民享為根基的三民主義來統一中國，為中國和亞洲的未來打開一條光明的坦途！

歷史告訴我們，時勢的造成，取決於人心的向背。今天海內外及大陸上所有中國人早已一心認同三民主義

的仁政，唾棄殘暴不仁的共產主義，這股億萬人心歸向的巨流，必將波瀾壯闊，蔚成時勢，以排山倒海之勢，徹底湮沒共產主義，而使民國七十年代成為三民主義勝利成功的年代！

親愛的同胞們，值茲一元復始，萬象更新，讓我們以蓬勃的朝氣，堅定的信念，剛強的毅力，積極的作為，踏著開國先賢先烈的足跡，朝向國父所策劃的建國宏規大步前進。也讓我們同祝中華民國國運昌隆，並齊聲高呼：三民主義萬歲！中華民國萬歲！

1月2日　星期一
下午

六時四十分，偕同夫人蒞臨文錦山莊，與家人共進晚餐後，返回大直寓所。

1月3日　星期二
下午

三時二十分，在大直寓所見蔣秘書長彥士。

1月4日　星期三
上午

九時五十一分，在中央黨部見嚴常委家淦。

十時三十二分，見蔣秘書長彥士。

十一時〇六分，在府見馬秘書長紀壯。

下午

四時五十一分，在大直寓所見沈秘書長昌煥。

今日復函教宗若望保祿二世，對其「和平文告」表示響應與支持。

致教宗函

教宗聖座：

接誦聖座一九八四年元旦和平日文告，敬悉一是。

本年文告主題「和平自新心誕生」最為切中時弊。聖座深切關懷東西雙方及南北集團間日增之緊張，本人與敝國政府及人民對此深具同感。

聖座洞察危害當前世界之暴力、恐怖與戰爭皆源自人類罪惡之心，吾人亦完全贊同。此乃顯示若干人毫無慈愛之心，惟賴革心始能矯正。

依中國哲學觀點，人心並非僅為身體構造之一部，且具高度之精神特質，係經健全之家庭教育、文化傳承及宗教信仰廣泛陶冶之表徵。人心應能感應良善、公正、友愛與和平之絕對價值。此種哲理正符聖座所稱洗心革面之義。

聖座呼籲世界政治及輿論領袖作此倡導，實有必要，蓋因渠等常對締造或破壞和平負有責任。此外，吾人深信今日所有宗教較諸往日更具價值。誠以當前社會生活既日趨工業化與都市化，而科技發展又復過度強調狹義之物質層面，遂致世人極易陷於追求世俗之報償，而犧牲其內在精神之滋育。

　　聖座嘗不斷警告人類，禍患皆由自造。聖座乃維繫人類道德倫理標準於不墜之重鎮，對於匡正人心，使不受惡慾誘惑，暨重建基於愛心、社會和諧及共享繁榮之精神自由，一向不遺餘力。此種持續無懈之精神，吾人極為敬佩。

　　中華民國政府與人民對聖座所追求之崇高目標，保證全心支持，俾期實現吾人之共同理想。

1 月 5 日　星期四
【無記載】

1 月 6 日　星期五
下午
三時二十九分，在府見宋部長長志。
三時五十五分，接見美國聯邦參議員史派克特、眾議員法蘭克林、麥可倫以及布朗等四人。
四時三十四分，見國民大會何代秘書長宜武。
四時四十五分，見馬秘書長紀壯。
五時十八分，見郝總長柏村。

1 月 7 日　星期六
下午
四時四十七分，在大直寓所見蔣秘書長彥士。

1月8日　星期日
下午

三時二十二分，在大直寓所見孫院長運璿。

1月9日　星期一
下午

二時五十五分，至圓山飯店理髮。

三時五十六分，接見美國聯邦參議員哈特斐德夫婦、麥考斯基夫婦以及伊戈頓夫婦等六人。

四時三十分，接見韓國韓中議員親善協會宋志英會長及尹國志、高炳鉉、黃炳晙、姜普性、李弼雨議員等一行六人。

五時十五分，見郝總長柏村。

1月10日　星期二
上午

九時五十五分，在府主持軍事會談。

十一時十六分，見孫院長運璿。

下午

四時三十四分，在大直寓所見俞總裁國華。

今日頒布第一屆國民大會第七次會議召集令。

總統代電

國民大會何代秘書長宜武勛鑒：

　　查第一屆國民大會第七次會議依憲法第二十九條之規定，定於中華民國七十三年二月二十日集會，業經明令公布在案。茲依據國民大會代表選舉罷免法施行條例第五十九條之規定，以大會集會前十日為代表報到期間，悉即查照辦理。

　　　　　　　　蔣經國（73）華總（一）仁（子）（蒸）

　　　　　　　　　　　　　　中華民國七十三年一月十日

總統令　七十三年一月十日

　　茲依據中華民國憲法第二十九條之規定，第一屆國民大會第七次會議定於中華民國七十三年二月二十日集會。

1月11日　星期三

上午

八時二十五分，在中央黨部見蔣秘書長彥士。

九時，主持中常會。

九時四十六分，見臺灣省政府李主席登輝。

下午

三時三十九分，在府見宋部長長志。

四時，接見美國聯邦眾議員夏史德、樓福勒、德謝爾、羅勃茲、史密斯以及夏飛等六人。

四時三十分，接見巴拿馬共和國駐華大使席艾洛。席氏

因返國出任新職，特至總統府晉見總統辭行和致敬。

四時四十八分，見馬秘書長紀壯。

五時〇九分，見汪顧問道淵。

五時二十七分，見沈秘書長昌煥。

1月12日　星期四

上午

十一時二十七分，在大直寓所見秦主任委員孝儀。

下午

四時〇四分，在大直寓所見秦主任委員孝儀。

1月13日　星期五

中午

十二時，在大直寓所見沈秘書長昌煥。

下午

五時〇八分，在大直寓所見孫院長運璿。

1月14日　星期六

下午

三時二十五分，在大直寓所見蔣秘書長彥士。

1月15日　星期日

下午

三時五十分，在大直寓所見沈秘書長昌煥。

1 月 16 日　星期一

下午

三時,至圓山飯店理髮。

三時五十四分,在府接見美國聯邦眾議員狄金遜。

四時二十六分,見馬秘書長紀壯。

四時三十五分,見蔣秘書長彥士。

1 月 17 日　星期二

上午

九時三十分,在府見俞總裁國華。

十時,主持財經座談。於聽取經建會主任委員俞國華等報告當前財經情勢並與各首長交換意見後,作了以下指示:

一、年節各種物資需求,應即早作規劃,督導業者充分供應。

二、採取必要措施,力求物價穩定,期達成經濟成長目標。

三、強化工商團體組織,主動解決同業間的共同問題。

十一時二十一分,見孫院長運璿。

下午

四時四十分,在大直寓所見秦主任委員孝儀。

財經座談指示

一、農曆新年將屆、民間對於年節各種物資需求,主管單位應即早作規劃,督導業者充分供應。金融機構

　　　　對於工商各界所需年關週轉資金，亦希妥籌因應，
　　　　期使大家過一快樂新年。

二、七十三年經濟建設計畫已經行政院核定，經濟成
　　　　長目標訂為百分之七點五，政府各有關部門應詳加
　　　　策劃，並密切注意國際經濟動態，採取必要配合措
　　　　施，同時力求物價穩定，期能達成預定計畫目標。
　　　　民間部門亦宜在計畫所揭示的目標與方向下，積極
　　　　從事生產、投資與行銷活動，共同促使經濟在穩定
　　　　中繼續成長。

三、隨著國際市場競爭的益趨激烈，大家對維持產銷秩
　　　　序與解決貿易糾紛的重要性，已有深切體認。此項
　　　　工作今後仍有賴業者的充分合作，發揮自助人助、
　　　　團結協調的精神，並強化工商團體組織，主動解決
　　　　同業間的共同問題。政府各單位在擬訂政策措施過
　　　　程中，亦應鼓勵企業界或工商團體參與，務使各項
　　　　政策措施，能夠落實並有效執行。

1月18日　星期三

上午

八時二十五分，在中央黨部見蔣秘書長彥士。

九時，主持中常會。

九時四十八分起，分別見孫院長運璿、宋部長長志、秦
主任委員孝儀。

下午

三時五十五分，在府接見美國聯邦眾議員艾德博、愛德

華茲、羅賓遜、歐布萊恩、海陶爾以及王柏等六人。

四時四十分，見馬秘書長紀壯。

四時四十九分，見郝總長柏村。

1 月 19 日至 20 日　星期四至五
【無記載】

1 月 21 日　星期六
上午

九時，至圓山飯店理髮。

九時四十五分，在府為農曆除夕談話錄影。

九時五十五分，見行政院新聞局宋局長楚瑜。

十時十分，見馬秘書長紀壯。

十時三十分，見汪顧問道淵。

下午

四時四十二分，在大直寓所見蔣秘書長彥士。

1 月 22 日　星期日
下午

三時二十五分，在大直寓所見沈秘書長昌煥。

1 月 23 日　星期一
下午

五時○五分，在大直寓所見秦主任委員孝儀。

1月24日　星期二
上午

九時四十分，在府見馬秘書長紀壯。

十時，主持軍事會談。於聽取宋部長、郝總長等有關軍務報告後，對國軍官兵過去一年來勤儉建軍，成就顯著，深為嘉許。同時期勉國軍官兵，繼續奮發精進，建立現代化的國民革命軍，達成以三民主義統一中國的神聖使命。

十一時十分，見孫院長運璿。

1月25日　星期三
上午

八時二十五分，在中央黨部見蔣秘書長彥士。

九時，主持中常會。對於立法委員同志，在立法院七十二會期，貫徹中央決策，完成各類重要的立法議案，表示十分佩慰。

十時三十分，見秦主任委員孝儀。

1月26日　星期四
下午

三時二十五分，在府見汪顧問道淵。

三時四十一分，見張副秘書長祖詒。

四時十三分，見空軍郭總司令汝霖。

四時三十二分，見馬秘書長紀壯。

五時十五分，見蔣秘書長彥士。

1 月 27 日　星期五

上午

十時，南非共和國新任駐華大使范福倫至府晉見總統，呈遞到任國書。

十時二十五分，接見美國勞工聯盟副主席海德斐暨國際處處長布朗等二人。

十一時〇二分，見海軍劉總司令和謙。

1 月 28 日　星期六

上午

九時四十分，在府見張副秘書長祖詒。

十時十八分，見警備總部陳總司令守山。

十時四十九分，見郝總長柏村。

下午

三時二十五分，在大直寓所見沈秘書長昌煥。

1 月 29 日　星期日

下午

三時十六分，在大直寓所見蔣秘書長彥士。

四時五十五分，見俞總裁國華。

1 月 30 日　星期一

上午

九時四十二分，至圓山飯店理髮。

十時三十分，在府主持座談。參加者有：嚴前總統、孫

院長運璿、黃院長少谷、馬秘書長紀壯、沈秘書長昌
煥、蔣秘書長彥士。

十一時五十四分，見馬秘書長紀壯。

1月31日　星期二
【無記載】

2月1日　星期三

今日報載，總統以中國國民黨主席身分，曾派中常委員
谷正綱、倪文亞於日昨分別邀請中國青年黨及中國民主
社會黨領袖會談，希望兩友黨一本傳統合作精神，相互
配合，開好國民大會第七次會議，為反共復國大業奠定
勝利基礎。

下午

三時四十三分，在大直寓所見蔣祕書長彥士。

今日為農曆癸亥年除夕，特透過電視發表談話，指出新
年是曆書記載的「雙春」、「雙雨水」，象徵風調雨
順，國泰民安。祝福我們國家前途光明，我們社會安和
樂利，家家幸福，人人健康。

除夕電視談話

親愛的父老兄弟姊妹們：

　　時間過得真快，又到農曆春節了。今晚是除夕，也
是我們中國人家家團圓、共享天倫的時刻，首先我要問
候大家，並向大家拜個早年，祝福各位春節愉快、新年
萬事如意。

　　明天就是農曆正月初一，又逢到甲子，根據曆書的
記載，明年之內，將有兩個立春，兩個雨水，這是少見
的「雙春」、「雙雨水」。依照民間的傳說，象徵風調
雨順、國泰民安，所以這也是一個好的開始。我由衷祝
福我們國家前途光明，我們社會安和樂利，家家幸福，

人人健康。

　　回顧過去一年之中，儘管仍有若干困難，難得的是，我們全國同胞在歷經種種橫逆的衝擊之後，大家都已深切體認到，只要我們能夠精誠團結，奮勵自強，沒有任何外來力量，足以阻撓我們。因之，感謝大家的辛勤努力，使過去一年的國家建設，各方面都有繼續進展，在在顯示我們的社會，是一個充滿朝氣、希望與信心的社會，也證明只要我們不斷前進，一定可以創造出一個光明的未來。我們的政府是為民眾服務的，如果大家都能求新求進，協同努力，相信我們的目標，一定可以更快地達成。因為這是我們大家的國家、是我們大家的政府、是我們大家的社會。

　　今天我們在此歡歡樂樂過年，不能忘了隔海的大陸同胞，他們仍然陷在水深火熱之中，我們要幫助他們，支援他們，使他們早日脫離苦難，重獲自由。

　　現在正是一個新的開端，過去如有任何欠缺或疏誤，讓我們記取經驗，從頭來過，重新做起，俗語說得好：「一年之計在於春」，就讓我們此刻共同好好計劃，使未來的一年得到更多的收穫、更大的進步。

　　願大家平安、快樂！謝謝各位！

2月2日　星期四　農曆甲子年元旦
【無記載】

2 月 3 日　星期五

下午

三時四十分，在大直寓所見秦主任委員孝儀。

五時四十分，見臺灣省黨部宋主任委員時選。

2 月 4 日　星期六

下午

三時十六分，在大直寓所見蔣秘書長彥士。

2 月 5 日　星期日

下午

三時四十八分，在大直寓所見孫院長運璿。

2 月 6 日　星期一

上午

十時〇九分，至圓山飯店理髮。

十時五十六分，在府見汪顧問道淵。

十一時十分，見沈秘書長昌煥。

十一時三十分，見張副秘書長祖詒。

十一時四十一分，見謝副總統。

十一時四十五分，見馬秘書長紀壯、宋部長長志及郝總長柏村。

下午

四時，在大直寓所見俞總裁國華。

2月7日　星期二
下午

四時三十分，在大直寓所見秦主任委員孝儀。

2月8日　星期三
上午

八時十八分，在中央黨部見蔣秘書長彥士。

九時，主持中常會。曾向全體出（列）席同志祝賀春節，並祝福本黨前途興盛，國運昌隆。與會同志也向主席祝賀春節。

十時〇三分起，分別見嚴中常委家淦、孫院長運璿、秦主任委員孝儀、蔣秘書長彥士。

今日為陳故副總統夫人譚祥女士八秩壽辰，特贈送「相教成範、慈愛揚輝」壽屏；並派馬秘書長紀壯代表前往致賀。

2月9日　星期四
下午

四時〇五分，在大直寓所見沈秘書長昌煥。

2月10日　星期五
上午

九時三十七分，在府見新聞局宋局長楚瑜。

九時四十六分，見張副秘書長祖詒。

十時，哥斯大黎加共和國新任駐華大使法耶郎，來府晉

見總統，並呈遞到任國書。

十時二十四分，接見美國柯恩國際公司總裁亨利‧柯恩
博士。

十時五十一分，見馬秘書長紀壯。

下午

五時十五分，在大直寓所見蔣秘書長彥士。

2 月 11 日　星期六
【無記載】

2 月 12 日　星期日
上午

十一時三十分，在大直寓所見馬秘書長紀壯。

下午

四時十五分，在大直寓所見孫院長運璿。

2 月 13 日　星期一
上午

九時三十八分，至圓山飯店理髮。

十時二十八分，見北美事務協調會駐美錢代表復。

十時三十六分，見蔣秘書長彥士。

下午

三時五十五分，在府見駐教廷周大使書楷。

四時○五分，見司法院黃院長少谷。

四時五十四分，見馬秘書長紀壯。

五時十二分，見汪顧問道淵。

五時二十二分，見沈秘書長昌煥。

2月14日　星期二

上午

八時三十分，蒞臨陽明山中山樓。

八時三十七分，見蔣秘書長彥士。

九時，主持本黨第十二屆中央委員會第二次全體會議暨中央評議委員第二次會議開會典禮，並致詞勗勉國人，今日謀求國家統一復興的唯一憑藉，就是「以人民為本位」的中國國民黨和全民大團結的奮鬥。我們更要舉起光輝燦爛的國旗，來造成三民主義統一中國必勝必成之勢，完成國民革命將竟必竟之功。

九時三十分，主持二中全會預備會議。

中國國民黨第十二屆中央委員會
第二次全體會議
暨中央評議委員第二次會議開會典禮致詞

各位先生、各位同志：

今年是總理領導仁人志士建黨革命的九十週年，也是總理演講三民主義、本黨舉行第一次全國代表大會和頒布建國大綱的六十週年，更是總裁奉總理之命，在黃埔建軍的六十週年。

現在正是承先啟後繼往開來的關鍵時刻，今天本黨

舉行第十二屆二中全會，全黨同志緬懷九十年來本黨為
國家、為人民，不屈不撓，前仆後繼，以心力血汗所創
造的光榮業績，回想六十年來本黨北伐、統一、抗戰、
戡亂、改造和建設，再接再厲，莊敬自強的歷程，展望
當前世變、匪亂、國事、黨責的方興未已，尤其感到我
們的革命責任，實在莊嚴深重。但是只要不斷的朝著總
理、總裁指示的方向奮鬥不懈，我們都有堅確的信心，
一定能夠達成所負的歷史任務。

　　世人無不深知，本黨是基於道德、責任、良知和血
誠的革命民主政黨，始終堅持「一切以人民為本位」的
奮鬥，來實現民族復興、民權普遍、民生安和樂利的目
標，由於我們有主義、有方略、有總理總裁的精神指
引，有全民的力量結合，所以即使在列強侵迫、共匪叛
亂的艱難環境之中，我們始終屹立不搖，衝破橫逆，扭
轉形勢，自立自強，尤其最近三十多年來，復興基地三
民主義建設的實績，已經成為亞洲自由民主安定繁榮的
象徵，而大陸共匪的動亂不止，斷送文化的根脈，阻絕
人民的生機，使世人更加了解，三民主義救中國、共產
主義禍中國的事實，而且基於事實，今天我們必須更進
一步結合海外和大陸同胞，來承擔三民主義統一中國的
大擔當和大行動。

　　從十二次全國代表大會到今天的三年之間，國際局
勢更為激盪多變，大陸共匪加於人民的痛苦，日深一
日，而我們復興基地卻能在重重衝擊挫折之中，團結安
定，積極建設，惟處此非常時期，我們對外要針對國際
間政治、經濟、軍事的不定因素，隨時適應變局，制機

創勢；對內要針對政治、經濟、社會結構的變遷，克服
萬難，導引進步。鑒於現階段國家建設已經進入一個新
的階段，本黨的作為，還要更進一步加強民主的功能，
發揮革命的精神，使政治、經濟、社會、文教和國防的
建設，一一體現於「服務的行政」、「長遠的規畫」、
「自力的成長」和「富民的建設」的基礎之上。

　　推廓開來說，當前我們的意志和行動，是要集
中於：

——確保復興基地的安全與福祉，開拓國際外交的、政
　　治的、經濟的新形勢。

——擴大各方面的參與，推動整體的國家建設。平衡的
　　提升人民精神生活與物質生活水準。

——結合四海僑心，支援大陸同胞，團結一切反共復
　　國力量，形成對大陸政治登陸「勝兵先勝」的積
　　極作為。

　　經過本黨九十年建黨革命的艱難和六十年來三民主
義建設再推進的奮鬥，海內外同胞已有共識共見，今日
謀求國家統一復興的唯一憑藉，就只有始終「以人民為
本位」的中國國民黨，和全民大團結的奮鬥。而我們
全黨同志，誓當體認實無旁貸的要求，不負全國同胞的
矚望，那就要我們都有徹底的自覺和積極的行動，開
大門，走大路，促進黨的新生再盛，革新黨的工作方
法，強化黨的政策作為，心心念念為同胞，一片忠誠
報黨國。

　　各位同志，當本黨改造之初，總裁曾經提示我們，
「本黨增加一個負責任盡義務的同志，就是對反共復國

加了一分力量」，總裁這一番話，到了今天，我們尤其
要有一番省察，如果我們都能負責任，盡義務，犧牲奉
獻，我們的黨就必能合二百萬黨員為一心，而發揮千百
倍的戰鬥力量，因此我們更要重視本黨同志品質與黨德
的提升，砥礪革命的情操志節，防止內在滋生的腐蝕因
素，警覺敵人的分化破壞，如此我們多一個黨員，即能
新生一分進步的力量，而我們復國建國即多了一分成功
的勝算。

　　冬天將逝，春天不遠，回顧往昔，革命的憂患備
嘗，展望前途，復國的契機已啟。我們力求社會的安
定，而不恃安定為止境，力規建設的進步，而不以眼前
的進步為滿足；我們因應國際的形勢，而不為外在的形
勢所推移。要在非常變局之中，以非常的作為，充分發
揮我們政治上、經濟上、戰略地位上的潛在力量，創造
更有利的形勢。

　　各位同志：九十年前青天白日革命旗幟在興中會的
展現，就是中華民族新生命的開始；八十年前，青天白
日滿地紅國旗在同盟會中被確認，更是創立中華民國的
起步；六十年前，總理召開本黨第一次全國代表大會，
制定建國大綱，更是建設現代中國的里程碑；總裁黃埔
建軍、北伐統一，就更是把我們的國旗高高的飄揚在全
中國的領域裡；如今，我們更要舉起這光輝燦爛的國
旗，來造成三民主義統一中國必勝必成之勢，完成國民
革命將竟必竟之功。

　　敬祝各位先生、各位同志健康愉快，事業成功！
　　並祝本黨前途興盛，國運昌隆！

2月15日　星期三

上午

十一時三十分，二中全會舉行第三次大會，由主席團主席嚴家淦主持，通過中央評議委員第二次會議建議案，提名主席為中華民國第七任總統本黨候選人。

十一時五十分，嚴家淦同志偕同二中全會主席團以及評議委員主席團，前往中山樓會議室，向主席報告並致敬，表達全黨同志精誠團結，一致擁護之至忱，敬請主席俯順公意，依憲法參選，俾能光大民主憲政，克盡以三民主義統一中國之全功。主席亦答詞表示，身為革命黨員，對於黨的命令，只有敬謹服從，決竭其赤忱，為達成以三民主義統一中國致力效命，不達目的，決不中止。

下午

一時五十五分，在中山樓見謝副總統。

二時○七分，見臺灣省政府李主席登輝。

二時四十五分，主持二中全會第四次大會，通過主席提名之李登輝同志，為中華民國第七任副總統本黨候選人。

三時○三分，見蔣秘書長彥士。

三時十九分，見嚴常務委員家淦。

五時五十七分，主持二中全會第五次大會，通過主席提名之中央常務委員嚴家淦等三十一人。

六時十分，主持二中全會暨中央評議委員第二次會議閉會典禮。並且指出，二中全會的結束，就是在非常時期

中，本黨所肩負劃時代的任務又一新的開始。我們一定
要更進一步，結合海內外與大陸上的同胞，來開啟復國
建國，繼往開來的運會和功烈。

六時三十分，宴請全體與會同志，並致詞期望全黨同
志，齊心一德，精誠團結，犧牲奉獻，達成本黨對國
家、對人民、對歷史的責任。

晚

八時四十五分，在大直寓所見秦主任委員孝儀。

獲提名為總統候選人答詞

各位前輩、主席團各位先生：

　　經國再度奉到本黨中央全會徵召，提名為中華民國
第七任總統本黨候選人，懍於國家處境艱難，深感責
任重大，惟念身為革命黨員，對於黨的命令，只有敬
謹服從。

　　經國除對全體同志之愛護與信賴，表示感愧以外，
願在此重申「遵循憲法、貫徹國策、犧牲奉獻、服務
全民」的誓言，決竭其赤忱，為達成以三民主義統一
中國致力效命，不達目的，絕不中止。並請轉達大會全
體同志。

中國國民黨第十二屆中央委員會
第二次全體會議通過中央常務委員名單

嚴家淦　謝東閔　孫運璿　谷正綱　黃少谷
倪文亞　袁守謙　高魁元　李登輝　馬紀壯

沈昌煥　李國鼎　俞國華　宋長志　郝柏村（新）

王惕吾　林洋港　邱創煥　余紀忠　洪壽南

閻振興　曹聖芬　趙自齊（新）　何宜武（新）

辜振甫　林挺生　黃尊秋（新）　連　戰（新）

高育仁（新）　　張建邦（新）　許水德（新）

二中全會閉幕致詞

各位先生、各位同志：

　　第十二屆二中全會，經過兩天的議程，現在圓滿閉會，與會的各位同志，對於黨務工作的興革，抒忠竭慮，盡責建言，經國十分感動，十分欽佩。

　　在這次會議中，聽取了當前黨務和行政主管同志的工作報告，一一指陳了黨務工作與國家建設的現況和方向，這許多重要報告和決議文，使我全國同胞和全黨同志，透徹的瞭解本黨一貫為國為民的苦心孤詣和具體績效，更認識了本黨，對於國家統一前途的宏規遠圖，信心堅確。

　　在六年以前，經國接受黨的徵召，國民大會的選舉，和全體同胞的託付，承擔重任，職責未盡百一，自省內疚，日切於心，今天原不敢再度接受提名，復承大任。但是當此總理總裁的志業未竟、本黨革命任務的大責方殷、國家民族的命運貞下啟元之際，經國身受全黨同志的督責，在革命洪爐之中，敢不仰仗同志的光和熱，以一個戰鬥兵接受號令的心情，再赴艱鉅，在先進的指引與全黨同志的支持期許之下，相喻以義，相示以誠，對著復國建國的目標，步步前進，共同擔負起本黨

對國家對同胞神聖莊嚴的責任。

總裁常常惕勵我們，振作革命的精神志節，必須著重集體的智慧、創新的智慧和行動的智慧，今天體認總裁囑望之切，我們對於黨的建設方向：

——就集體智慧的融和發揮來說，要能擴大各種管道的參與溝通，獎進各方面的人才，加強與民眾相結合的服務性活動，促進黨員黨友的聯繫，加強決策過程的意見協調，使黨的政策，與全民的福祉，凝成血肉相連的一體。

——就創新的智慧的發展交流來說，要能激勵全黨同志，針對政治經濟和社會結構的變遷，融會新知，引導創造，以黨的革新，帶動全面的革新。

——就行動智慧的即知即行來說，要能週知世變，洞察民情，反應快速，決策明敏，事事有計畫，事事能負責，劍及履及，日起有功。

各位先生、各位同志，二中全會的結束，就是在非常時期中，本黨所肩負劃時代的任務又一新的開始，我們一定要更進一步，結合大陸十億同胞、海外二千萬僑胞、復興基地一千八百萬同胞，堅持目標，精純勁鍊，加深憂患的意識，發揮堅忍的精神，來開啟我們復國建國、繼往開來的運會和功烈！敬祝各位先生、各位同志健康愉快，革命復國大業勝利成功！

2 月 16 日　星期四

下午

三時二十分，在大直寓所見秦主任委員孝儀。

四時四十七分，見沈秘書長昌煥。

2月17日　星期五

上午

十一分【編按：原文如此】，在府見馬秘書長紀壯。

十時四十八分，見張副秘書長祖詒。

下午

四時二十五分，在大直寓所見蔣秘書長彥士。

2月18日　星期六

上午

八時五十五分，在府見汪顧問道淵。

九時十分，見俞總裁國華。

十時十二分，見北美事務協調會駐美錢代表復。

十時三十四分，見國民大會憲政研討會谷副主任委員
正綱。

十一時十二分，見秦主任委員孝儀。

下午

三時〇四分，在府見馬秘書長紀壯。

三時二十分起，分三批見駐外使節十九人。

五時三十分，見孫院長運璿。

約見駐外使節名單

第一批：亞洲地區七人

駐沙烏地阿拉伯王國　　蔡大使維屏
亞東關係協會駐東京辦事處　　馬代表樹禮
駐馬尼拉辦事處　　劉代表宗翰
駐新加坡商務代表團　　胡代表炘
駐吉隆坡遠東貿易旅遊中心　　孔代表令晟
駐耶加達中華商會　　彭會長傳樑
駐泰國遠東商務處　　沈代表克勤
第二批：北美洲及歐洲地區六人
駐教廷　　周大使書楷
北美事務協調會駐美辦事處　　錢代表復
駐西德代表處　　沈代表錡
駐希臘遠東貿易中心　　姚主任守中
駐英代表處　　房代表金炎
駐挪威臺北商務處　　姜主任孝靖
第三批：非洲及中南美洲地區六人
駐南非共和國　　楊大使西崑
駐馬拉威共和國　　馮大使耀曾
駐薩爾瓦多共和國　　羅大使友倫
駐巴拉圭共和國　　王大使昇
駐烏拉圭共和國　　夏大使功權
駐玻利維亞共和國　　吳大使祖禹

2 月 19 日　星期日

下午

三時五十二分，在大直寓所見郝總長柏村。

2月20日　星期一

上午

八時四十七分，至圓山飯店理髮。

九時三十三分，在中山樓見國民大會何秘書長宜武。

十時，第一屆國民大會第七次會議隆重開幕，親臨開會典禮致詞，勉勵國人秉持自立自強精神，為光復大陸英勇奮鬥，而共產制度必須在中國大陸消滅，唯有一個真正民主自由的中國才能維護亞洲與世界的安定和平。

十時三十九分，觀看開會典禮錄影帶。

十一時十八分，以午餐款待全體與會國大代表，並在餐會中，籲請大家精誠團結，發揚革命實踐精神，一切為國家，一切為民族、一切為民眾，就是我們大家勝利成功的保證。

今日曾以「國父圖像墨跡集珍」、「先總統蔣公圖像墨跡集珍」、「先烈先進圖像文物集珍」等三本書，以及總統玉照，分贈給每一位國大代表。

下午

三時二十三分，在府見宋部長長志。

三時四十分，見張副秘書長祖詒。

三時五十八分，接見美國美中經濟協會理事長大衛‧甘乃荻。見後並贈送「國之重寶」一冊。

四時三十七分，見駐巴拉圭王大使昇。

五時〇五分，見司法院黃院長少谷。

第一屆國民大會第七次會議開會典禮致詞

主席、諸位代表先生、諸位貴賓：

　　國民大會第七次會議，在這反共復國大業充滿光明希望、逐步邁進勝利成功的時刻，於此中興基地隆重舉行，象徵民主憲政光華四射。經國參與盛會，謹代表政府對大會致以最高的敬意。

　　中華民國憲法是一部全民的憲法，其內涵和精神，不但確立了現代民主法治的國家體制，也傳承了中華文化和民族倫理的優美特質。行憲以來，政府謹遵憲政宏規，一以貫之，力行實踐。雖然今天大陸仍陷共匪暴政之下，但是所有大陸同胞心中，無不嚮往我們復興基地的民主自由，渴望三民主義憲政光輝重照大陸，所以這部憲法，實在就是代表十億中國人民的憲法！

　　經國受國民大會之付託，深懷職責之重，銘記「遵守憲法、效忠國家」的誓言，一本大公至正、無私無我，一切以國民意向為指針，以民族利益為依歸，勤謹治事，不敢怠忽，期使國家不斷進步，無負使命。同時面對光復大陸的神聖任務，形勢也正考驗我們，要我們時時警惕，只許成功，不許失敗！

　　基於此一體認，作為一個開發中的國家、民主成長中的國家，我們耕耘施政，必須細心培養，耐心植育，方能根固枝茂。因之多年以來，我們國家建設的方向，把握住幾個重心：

——政治發展上，決心走民主的大路，堅守憲政規制，建立開放、和諧、法治的社會，邁向現代共和國的坦途。

——經濟發展上，不使落入資本主義的財富集中，更不
　　走向社會主義的集體統制，堅持民生均富政策，採
　　取計畫性的自由經濟。

——文教發展上，積極發揚民族精神，光大中華文化，
　　保存固有優良傳統。教育機會，人人平等。

　　事實證明，我們走的是正確道路，也看到了具體成
果。這些取向，正是我們立憲的目標所在，也是完全符
合中國人需要的制度，我們永遠不會迷失方向！

　　在這健全基礎上，政府於以往六年中，秉承上次大
會所付「突破各種艱困、為中華民國再創新局」的指
示，繼續奮進，乃能於外交關係和國際經濟的衝擊下，
沉著堅毅，克服艱危。尤賴全國軍民和海內外同胞的萬
眾一心，予政府忠誠支持，把國家建設推向新的境界，
開展新的氣象。在此期間：

——改革司法制度，確立審檢分隸，制定國家賠償法和
　　選舉罷免法，於加強保障民權、屬行法治和貫徹民
　　主憲政，邁開大步。

——完成六年經建計畫，並再執行一個新的四年計畫，
　　使過去六年中的實質國民生產毛額的平均年成長率
　　達百分之七點三九。

——在鞏固國家安全要求下，貫徹精兵政策，更新武器
　　裝備，發展國防科技，提高國軍戰力。

——試辦延長以職業教育為主的國民教育，致力推動科
　　技發展和文化建設，充實國民智能與精神生活。

——擴大社會福利，推行優生保健的人口政策，改進公
　　共醫療和衛生設施，提高生活環境品質。

　　績效顯示，三民主義建設的進步，每日都在不斷推展；我們的信心，也一天比一天增強。而隔海共產制度徹底失敗，危機也正一天比一天嚴重。因之，展望未來，我們可以肯定：反共復國大業充滿光明希望，逐步邁進勝利成功！

　　當然，愈是接近勝利成功，將會遭遇愈多的艱難險阻；以三民主義統一中國的任務一日未竟，我們的努力一刻不能鬆懈。尤其中共匪幫仍在加緊統戰，施展種種陰謀，更應加倍惕勵，審度機勢，對準敵人，主動打擊，來加速它的潰亡。為此我們必須：

——堅定團結，堅持反共立場，絕不與匪妥協。唯有這
　　樣的堅定，纔是我們獲得勝利的最好保證！

——開闊民主憲政的腳步，加強經社文教建設。唯有清
　　明廉能的政治結構、自由繁榮的經社制度，纔是我
　　們達到成功的最快途徑！

——強化國防，厚植軍備。唯有以壯大的實力，纔能擊
　　敗敵人，保障我們目標的貫徹！

　　我們決心秉持自立自強的精神，為光復大陸英勇奮鬥；也深信自助人助的至理，一本平等互惠、合作互利的原則，拓展國際關係，擴大正義力量。我們正使自由世界認清一個基本事實：中共暴政下的中國大陸，永遠不會出現民主的政治，匪偽政權也從未為中國人民接受。今天自由世界應該做的，是幫助中國大陸人民重獲自由，而不是延長他們的痛苦。自由與奴役不能並存，共產制度必須在中國大陸消滅。唯有一個真正民主自由的中國，纔能維護亞洲與世界的安定和平，也纔符合自

由世界的利益！

　　當前我們的責任，是處非常之時，奠久安之基。我們當以日新又新的精神，朝氣蓬勃的活力，創造時勢，而不為時勢所支配；衝破障礙，而不為障礙所困阻。鞏固憲治，積極建設，全力推進以三民主義仁政登上大陸，解救同胞，重建統一的、自由的中國。深信本次大會必能為繼往開來、再造中興作最大的貢獻。經國定當一本無私無畏、效國效民的初衷，追隨全體代表先生及全國同胞之後，同心協力，竭智盡忠，實踐國父遺教和先總統蔣公遺訓，開創中華民國光輝燦爛的前途！

　　敬祝大會成功、各位代表健康！

2月21日　星期二

上午

九時十四分，在中央黨部見臺省府李主席登輝。

九時四十三分，見蔣秘書長彥士。

九時五十七分，在府主持軍事會談。

十一時〇七分，見孫院長運璿。

下午

三時十八分，在府見總政治作戰部許主任歷農。

三時五十八分，聽取七十四年度中央總預算簡報。參加者為孫院長運璿、馬秘書長紀壯、俞總裁國華、趙部長耀東、徐部長立德、鍾主計長時益等。

五時〇三分，見馬秘書長紀壯。

2 月 22 日　星期三

上午

八時十四分，在中央黨部見蔣秘書長彥士。

八時四十一分，見國民大會何秘書長宜武。

九時，主持中常會。期勉全黨工作同志，對國家忠心耿耿，待人誠誠懇懇，做事實實在在，一切「以人民為本位」，本著黨的奮鬥方向，實踐政綱政策，振作精神，步步前進。

九時五十六分，見嚴中常委家淦。

十時〇四分，見倪院長文亞。

十時二十四分，見高戰略顧問魁元。

十時三十一分，見中央政策委員會趙秘書長自齊。

十時四十一分，見臺北市黨部關主任委員中。

下午

三時五十四分，在大直寓所見沈秘書長昌煥。

2 月 23 日　星期四

下午

三時二十五分，在府見中央委員陳裕清。

四時，見監察院黃副院長尊秋。

四時十分，見交通部連部長戰。

四時三十五分，見臺灣省議會高議長育仁。

四時五十六分，見臺北市議會張議長建邦。

五時二十四分，見張副秘書長祖詒。

2月24日　星期五

上午

九時十二分，至榮民總醫院探視因突患腦溢血住院之孫院長運璿。（新聞局宋局長楚瑜曾在立法院舉行記者會，說明孫院長於凌晨突感頭暈，手腳無力，住院檢查。）

十時起，在府分別見馬秘書長紀壯、沈秘書長昌煥、蔣秘書長彥士。

十時五十七分，見汪顧問道淵。

十一時十六分，見張副秘書長祖詒。

下午

三時二十二分，至榮民總醫院探視孫院長運璿。

三時五十四分，在府見張副秘書長祖詒。

四時〇二分，見司法院黃院長少谷。

五時〇五分，見俞總裁國華。

2月25日　星期六

上午

九時〇七分，至榮民總醫院探視孫院長運璿病情。於九時十六分離去。

九時四十三分，在府見馬秘書長紀壯。

十時〇八分，見行政院邱副院長創煥。

十時二十五分，接見美國華盛頓時報總編輯漢普史東。

十時四十一分，見郝總長柏村。

十時五十三分，見朱部長匯森。

下午
三時五十四分，在大直寓所見蔣秘書長彥士。

2月26日　星期日
上午
八時四十三分，至榮民總醫院探視孫院長運璿。（孫院長經榮總醫師診斷，確定為腦溢血，並於今晨二時施行腦部手術。）停留約半小時後離去。

下午
三時二十五分，在大直寓所見俞總裁國華。
四時四十分，見臺灣省黨部宋主任委員時選。

2月27日　星期一
上午
十時二十三分，至圓山飯店理髮。
十一時○三分，至榮民總醫院探視孫院長運璿，囑其安心靜養。孫院長曾寫了「謝謝總統」四個字，以表示感激總統的關懷。

下午
四時○二分，在府見張副秘書長祖詒。
四時二十二分，見宋部長長志。
四時四十一分，見蔣秘書長彥士。
五時○一分，見沈秘書長昌煥。

2月28日　星期二
上午

十時十八分，至榮民總醫院探視孫院長運璿。先聽取醫療小組有關孫院長復原情形良好的報告，然後進入病房與孫院長交談，並囑其多加休息，早日康復。

下午

四時三十分，在大直寓所見沈秘書長昌煥。

2月29日　星期三
上午

九時二十七分，在府見宋部長長志。

九時四十一分，見蔣秘書長彥士。

九時五十五分，主持國家安全會議第五十次會議，討論行政院擬送的「七十四年度中央政府總預算案核列情形報告」。與會人員有嚴前總統家淦、司法院黃院長少谷、行政院邱副院長創煥、政務委員李國鼎、財政部長徐立德、經濟部長趙耀東、主計長鍾時益等。總統於聽取報告及與會人員報告後，曾對預算方針、因應國際經濟情勢及適度調整軍公教待遇等事項，有所裁示。

下午

三時三十分，在府見張副秘書長祖詒。

三時五十三分，接見美國大通銀行董事長蒲超。

四時十四分，見秦主任委員孝儀。

四時三十二分，見汪顧問道淵。

四時四十分，見郝總長柏村。

五時十一分，見馬秘書長紀壯。

行政院七十四年度中央政府總預算案核列情形報告指示

一、行政院擬送「七十四年度中央政府總預算案核列情形報告」，顯示各級政府淨支出較七十三年度預算增加百分之一二點六，中央政府歲出總額核列三千五百九十八億餘元，較七十三年度預算增加百分之一一點三，此為因應經濟復甦情勢，配合施政需要而作之適當安排，所報收支核列情形，應予備查。

二、七十四年度中央政府預算規模，雖較七十三年度稍有擴大，但收支差短數額所佔歲出總額的比例百分之八點三，尚較七十三年度百分之一○為小，且經常收支續有相當數額的膡餘，移充投資建設財源，足徵政府財政基礎仍屬良好。關於歲出分配，把握施政重點，繼續強化國防，酌增公共投資，注重科技發展，適度調整軍公教人員待遇，以及增加對地方財政補助等，兼籌並顧，均屬允當，希即照所報收支情形為基礎，編製中央政府總預算案。

三、當前經濟景氣雖已顯著復甦，但國際經濟情勢仍多變化，政府各部門須隨時注意其動態，及時採取各項措施，妥謀因應。關於預算的執行，一方面應切實改進租稅結構，加強稅務稽徵，俾裕庫收，另方面則應繼續貫徹勤儉建國之方針，屬行節約，杜絕

不經濟支出，增進運用績效。

四、本日與會人員發表的意見，請行政院研參辦理。

3 月 1 日　星期三

下午

三時二十四分，在府見秦主任委員孝儀。

三時二十七分，見宋部長長志。

三時五十五分，聽取賦稅改革簡報。參加者有行政院邱副院長創煥、俞總裁國華、經濟部趙部長耀東、財政部徐部長立德及本府馬秘書長紀壯等。

四時五十五分，見邱副院長創煥。

3 月 2 日　星期五

下午

四時二十分，在大直寓所見蔣秘書長彥士。

3 月 3 日　星期六

下午

五時三十二分，在大直寓所見秦主任委員孝儀。

3 月 4 日　星期日

上午

十時〇六分，至圓山飯店理髮。

十時四十五分，至榮民總醫院探視孫院長運璿，並向主治醫師詳詢了孫院長的病情。停留二十分鐘離去。

下午

三時五十六分，在大直寓所見沈秘書長昌煥。

五時四十六分，見郝總長柏村。

3月5日　星期一
【無記載】

3月6日　星期二
上午

九時，在府見秦主任委員孝儀。

九時二十五分，見張副院長祖詒。

九時五十五分，主持軍事會談。

十一時〇八分，見馬秘書長紀壯。

十一時二十九分，見蔣秘書長彥士。

今日各報批露，總統於月前接受美國華盛頓時報總編輯史密斯・韓普史東訪問時的內容全文。對中美合作關係以及我實施有關安全法規等問題，均有所說明。

美國華盛頓時報總編輯史密斯・韓普史東
訪問內容

一、

問：對於美國雷根總統今年四月間的中國大陸之行，閣下是否希望、擔心，或者預判會發生甚麼樣的事情？

答：雷根總統是一位有原則的領袖，吾人相信他的大陸之行，將不致作有損中美關係的事情。吾人認為雷根總統認識到對中共作任何進一步的讓步，並不符合美國利益。中華民國與美國間的良好合作關係，一向對雙方有利，且將繼續如此。吾人相信美國友

人和我們會有同樣的看法。

二、

問：閣下能否就中華民國與美國關係的現況予以評估？
在那些實質關係上——例如採購戰機方面——雷根
政府的作法較卡特政府有所改進？

答：中華民國與美國之間的實質關係從未中斷，在雷根
總統執政期間這些關係大體上均有所增強。彼此間
之接觸較過去為多，貿易不斷大幅成長，各方面的
合作亦有增進，美國仍繼續出售武器予我國；惟因
中共不斷增強其軍備，我國目前甚需高性能海空裝
備。吾人希望美國亦認清此一事實，繼續增強我國
的防衛力量。

三、

問：由於安德洛波夫之死與契爾年柯的繼任，閣下認為
莫斯科與北平間的關係將會發生何種變化？

答：目前莫斯科與北平的關係不致於因契爾年柯之繼任
而有所改變。由於兩個共黨政權的意識型態從無多
大差異，故近年來雙方關係多少有所拉近。特別是
在赤化世界的目標方面，彼等絕不會改變。

四、

問：貴國政府曾經一再表明絕不發展核子武器的立場，
閣下能否預見任何可能改變決定的情況？

答：我政府曾一再重申，吾人絕不製造核子武器，此一
立場絕不改變。我國簽署防止核武器蕃衍條約，即
可證明吾人之堅定決心。

五、

問：鑑於去年十二月和諧而成功的立法委員選舉（以國
　　民黨的觀點來看），貴國政府是否打算允許組織反
　　對黨及廢止戒嚴令？

答：事實上，中華民國除執政的國民黨之外，尚有中
　　國青年黨及中國民主社會黨。在目前情形下，吾人
　　不以為改變現行政策乃明智之舉，否則可能削弱我
　　國的安定，並因而導致中共的滲透顛覆。我們實施
　　有關安全的法規，其目的在維護我們的自由與安
　　定，唯有安定，才能保障我們的政治、經濟、社
　　會的進步。

3月7日　星期三

上午

八時二十分起，在中央黨部見蔣秘書長彥士及組織工作
會梁主任孝煌。

九時，主持中常會。會後，見國大代表谷正綱、高信、
郭驥、朱士烈、陳寶川等。

十時四十分，見蔣秘書長彥士。

十時四十九分，見秦主任委員孝儀。

3月8日　星期四

下午

五時四十五分，在大直寓所見蔣秘書長彥士。

3 月 9 日　星期五

上午

九時三十四分，在府見張副秘書長祖詒。

十時，巴拿馬共和國新任駐華大使謝南洛至總統府晉見總統，呈遞其到任國書。

十時二十五分，接見日本前首相岸信介、佐藤榮作夫人、佐藤龍太郎等三人。

十時五十六分，接見前哥斯大黎加共和國國會議長維亞努耶瓦。

十一時十分，見馬秘書長紀壯。

下午

四時十三分，在大直寓所見沈秘書長昌煥。

3 月 10 日　星期六

下午

四時三十四分，在大直寓所見俞總裁國華。

3 月 11 日　星期日

中午

十二時二十二分，偕同郝總長柏村及張副秘書長祖詒，乘專機飛抵金門。首先接見了戰地司令官宋心濂、各級部隊長以及地方行政首長等，並和他們共進午餐。

下午

一時五十三分，聽取他們有關前方軍政建設等簡報。對

他們辛勞努力促使前線防務與地方建設日臻進步，特致
嘉勉之意。

二時三十五分，分別巡視了山外、料羅碼頭、湖前漁
港、尚義機場及魚塭等處。

三時五十七分，至金門縣城之金城街上，訪問民眾與商
店，居民們看到總統，一齊鼓掌歡呼，紛向總統問好，
表現出十分歡欣與振奮的心情。

六時，在擎天峰餐廳進晚餐，然後聽取古寧頭戰史館之
平面圖簡報。

七時起，觀賞一場金門文化工作團表演之晚會，與軍民
一起同樂，狀至愉快。

八時〇四分，在擎天石室見張副秘書長祖詒。

3月12日　星期一

上午

七時二十分，在擎天石室見宋司令官心濂。

七時三十八分，在擎天峰餐廳進早餐。

八時〇九分，巡視中央坑道。

八時三十七分，由郝總長及宋司令官陪同，蒞臨金門
「中山紀念林」地，植龍柏一株，以紀念國父孫中山先
生逝世五十九週年暨植樹節。

九時起，至古崗湖、迎賓館、榕園等處巡視。

十一時五十五分，在擎天峰餐廳，與戰地軍事首長共進
午餐。

中午

十二時四十分，乘飛機離開金門返臺北。

下午

五時三十六分，在大直寓所見蔣秘書長彥士。

3 月 13 日　星期二

下午

二時五十七分，至圓山飯店理髮。

三時三十分，在中央黨部見蔣秘書長彥士。

三時五十分，見國大代表余井塘。

四時五十五分，見蔣秘書長彥士。

3 月 14 日　星期一

上午

八時二十分，在中央黨部見憲政研討會谷副主任委員正綱。

九時，主持中常會。

九時四十分，見行政院邱副院長創煥。

九時五十分，見國民大會何秘書長宜武。

十時〇一分，見中央黨部秘書處吳主任伯雄。

今為蔣夫人華誕，又值婦聯總會至德堂揭幕，總統特於十時十四分，親往婦聯總會，聽取王總幹事亞權說明至德堂籌建情形。並且表示婦聯總會在夫人仁愛精神感召下，興建軍人眷舍，慈暉廣被，三軍官兵莫不感激盛德。

十時三十二分，在府見馬秘書長紀壯。

下午
四時五十五分，在大直寓所見沈秘書長昌煥。
七時四十五分，見秦主任委員孝儀。

3月15日　星期四
下午
三時四十二分，在府見汪顧問道淵。
四時，邀晤我國史學大師錢教授賓四先生伉儷、與哲學
大師牟教授宗三先生及其子元一等，並以茶點款待。對
錢、牟兩位先生獲得七十二年行政院文化獎表示道賀，
同時對彼等一生從事教育事業與學術研究的奉獻精神，
深致讚佩。
四時十四分，見教務部朱部長匯森。
四時四十一分，見郝總長柏村。
五時〇一分，見司法院范秘書長魁書。
五時二十六分，見宋部長長志。

3月16日　星期五
下午
四時三十分，在大直寓所見蔣秘書長彥士。

3月17日　星期六
上午
九時五十八分，至榮民總醫院探視孫院長運璿。

十時三十分，在府見總政治作戰部許主任歷農。
十一時〇四分，見張副秘書長祖詒。

下午
四時十分，在大直寓所見秦主任委員孝儀。

3 月 18 日　星期日
總統獲得一千零一十位國民大會代表簽署提名，正式成為中華民國第七任總統候選人。國民大會第七次會議於今日上午分別在臺北市中山堂及陽明山中山樓同時公告。

下午
四時三十分，在大直寓所見俞總裁國華。

國民大會主席團公告
　　茲依照總統、副總統選舉罷免法第四條第一項第一款之規定，開列中華民國第七任總統候選人名單告公告之。
　　總統候選人名單　蔣經國

3 月 19 日　星期一
下午
二時五十二分，至圓山飯店理髮。
三時三十五分，在府見張副秘書長祖詒。
四時〇六分，見郝總長柏村。

四時二十五分，見宋部長長志。

3月20日　星期二
上午

八時四十五分，在府見蔣秘書長彥士。

九時二十二分，見馬秘書長紀壯。

九時五十六分，主持軍事會談。

下午

三時五十三分，在大直寓所見秦主任委員孝儀。

五時十五分，見蔣秘書長彥士。

3月21日　星期三
上午

八時二十六分，在中央黨部見蔣秘書長彥士。

九時，主持中常會。

九時五十九分，見倪院長文亞。

十時二十五分，見蔣秘書長彥士。

國民大會第七次會議今日上午九時，舉行總統選舉大
會，至下午二時三十分，全部選舉程序完成，由主席團
主席孔德成正式宣布，總統以一千零一十二票當選中華
民國第七任總統。（得票率為百分之九十九點零二）

下午

二時三十分，嚴前總統至大直寓所，祝賀總統當選

連任。

三時二十分，國民大會第七次會議主席團主席孔德成由國民大會秘書長何宜武陪同，至大直寓所，向總統報告選舉結果。總統對全體代表的支持，亦請孔德成先生代為轉達感謝之意。

三時五十八分，謝副總統偕同馬秘書長紀壯、馬參軍長安瀾、張副秘書長祖詒、汪顧問道淵、沈顧問之岳，至大直寓所敬申祝賀之忱。

國民大會主席團公告

第一屆國民大會第七次會議依照總統副總統選舉罷免法第二條之規定，於七十三年三月二十一日舉行總統選舉大會，選舉結果，蔣經國先生依法當選中華民國第七任總統，並經選舉大會主席依同法第七條第二項之規定，當場正式宣佈，特此公告。

3 月 22 日　星期四

上午

十時二十八分，至中央黨部。

十時三十五分，見蔣秘書長彥士。

十一時十一分，見嚴中常委家淦。

下午

三時五十一分，中華民國第七任副總統中國國民黨候選人，現任臺灣省政府主席李登輝，於獲得國民大會選舉公告當選後，特至大直寓所向總統報告和致敬；並代表

全省民眾對總統當選連任，表達恭賀與擁戴之赤忱。總
統亦對他的當選而致賀；並請他代向全省民眾致謝意。

下午
四時三十分，親蒞李主席登輝寓所，對他當選副總統而
再次申賀，並親切晤談後離去。
五時〇二分，國防部宋部長長志、郝總長柏村代表國軍
全體官兵，向總統呈獻效忠致敬書。
五時十四分，見沈秘書長昌煥、蔣秘書長彥士、宋部長
長志、郝總長柏村。
五時三十分，見馬秘書長紀壯。
五時四十分，見張副秘書長祖詒。

3月23日　星期五

總統特選「國之重寶」一書，於今日致送每一位國大
代表。

上午
十時，在大直寓所見美國在臺協會臺北辦事處處長李
潔明。

下午
四時三十分，在大直寓所見沈秘書長昌煥。

3 月 24 日　星期六

上午

九時四十二分，至圓山飯店理髮。

十時二十五分，在中央黨部見蔣秘書長彥士。

十一時十二分，見組織工作會梁主任孝煌。

下午

三時五十八分，在大直寓所見俞總裁國華。

五時十二分，見秦主任委員孝儀。

3 月 25 日　星期日

上午

九時二十四分，國民大會第七次會議總統選舉大會主席
孔德成，由國民大會秘書長何宜武陪同，到大直寓所，
致送總統當選證書。總統於接受後並發表談話，表示宣
誓就職之後，謹當秉承憲法及大會賦予之職責，為國效
命，為民服務，為達成以三民主義統一中國之神聖使命
而全力以赴。

十一時，在國民大會第七次會議閉幕典禮上，昭告全國
同胞，只要我們堅持信念、堅定立場、堅守國策，就必
能戰勝敵人，開創光明前途。

十一時三十分，觀看閉幕典禮致詞錄影帶。

十一時五十分，應全體國民大會代表之邀，參加午餐。
在餐會之中，對國大代表所作的貢獻，深致欽佩之忱。
並期勉國人，要同舟共濟，肝膽相照，團結再團結，奮
鬥再奮鬥，克服一切困難，開創新局新運。

下午

四時十五分，在大直寓所見秦主任委員孝儀。

接受總統當選證書談話

經國和李登輝先生以中華民國第七任總統、副總統中國國民黨候選人的身分參加競選，已承國民大會之選舉而告當選，今天並承國民大會致送當選證書，經國謹敬接受之餘，對國民大會的支持，內心深致感謝，同時經國並鄭重表示，在和李登輝先生宣誓就職之後，謹當秉承憲法及大會賦予之職責，為國效命，為民服務，為達成以三民主義統一中國的神聖使命而全力以赴。

第一屆國民大會第七次會議閉幕典禮致詞

主席、諸位代表先生、諸位貴賓：

國民大會第七次會議，秉持既往歷次會議的光榮成就，順應當前全體國民的共同願望，為宏揚憲法精神，維護憲政體制，蓋籌輸忠，完成了歷史性的莊嚴任務，今天圓滿閉幕，經國對於諸位代表先生精誠一致，匡濟時艱，所作的重大貢獻，敬致由衷的欽佩。

大會體察世局形勢和國家處境，再次肯定戡亂與行憲並重的基本國策，提示守常處變的方向，使國家建設得以朝著既定目標加速邁進，更加增強了反共復國必勝必成的信念，尤為全國同胞深深慶幸。

經國承國民大會第六次會議之付託，畀予重任。受命以來，無時不以光復大陸為念，無事不以民眾利益為先，致力於三民主義建設，宏揚中華文化。如今雖然敵

消我長、敵虛我實的對照，日益顯明，但遙望大陸同胞
尚在苦難之中，內心愧疚無已。此次再蒙徵召，與李副
總統登輝一同當選，懍於大業未竟，大責未盡，唯當謹
敬接受，悉力以赴，期能繼續追隨全國同胞為國效命，
達成以三民主義統一中國的神聖使命。

　　瞻望國家前途，經國認為，只要我們堅持信念、堅
定立場、堅守國策，就必定能夠戰勝敵人，創造光明的
前途。為此願再鄭重申明：

一、確定力行民主法治，是復國建國的康莊大道；維護
　　憲法、貫徹憲政，是擊潰共產暴政、重光大陸的主
　　要憑藉和力量。

二、確認三民主義統一中國，是全體中國人的公意，是
　　掃蕩馬列邪說的利器，也是中國致富致強的唯一出
　　路和必然歸趨。

三、確保復興基地安全，鞏固團結，壯大國家建設，充
　　實反共戰力，是自立自強的基礎，是實現一切目標
　　的前提。

　　我們要以這些明確的立場和實踐的決心，昭告世
人、海內外和大陸的同胞，中共殘暴政權一日未滅，我
們的奮鬥一日不會停止，我們的立場也一日不會改變！

　　先總統蔣公在國民大會第一次會議時，就曾指出：
「我們行憲，要為國家策久遠的安全，而共匪所要的是
混亂；我們要保障人民的生活和民族的生存，而共匪則
要製造饑餓、貧窮與滅亡。因此今天政府和人民，戡
亂與行憲應該同等重視。我們不因戡亂而延緩憲政的實
施；反之，我們正因為要保障憲政的成功，不能不悉力

戡亂，來剷除這個建國的障礙與民主的敵人。」經國當
與李副總統謹遵此旨，秉承憲法及大會賦予之職責，督
率政府，戮力同心，爭取反共大業的最後勝利成功，毋
負海內外全體同胞殷切的期望。

　　敬祝諸位代表先生健康愉快，並請多予策勉指教！

3月26日　星期一
下午

四時，在大直寓所舉行茶會，接待新加坡李總理光耀夫
婦、楊錦成議長及林金山主席。在座作陪者，有本府馬
秘書長紀壯夫婦、國家安全會議沈秘書長昌煥夫婦等、
中央銀行俞總裁國華夫婦。

3月27日　星期二
下午

四時四十一分，在大直寓所見沈秘書長昌煥。

3月28日　星期三
上午

八時二十九分，在中央黨部見蔣秘書長彥士。

九時，主持中常會，並發表談話，期勉全黨同志，今後
更應本著「國家第一、民眾為先」的要求，團結奮發，
努力不懈，創造以三民主義統一中國的新機運。

十時二十二分，見倪院長文亞。

十時三十四分，見馬秘書長紀壯。

十一時〇一分，至榮民總醫院，探視孫院長運璿。

下午

五時十二分，在大直寓所見蔣秘書長彥士。

今為青年節前夕，題詞勉勵全國青年，要「效法先烈革命志節，永保青年蓬勃朝氣，傳承歷史文化火炬，完成反共中興大業。」今日並致贈今年度青年獎章十位得主每人一份禮物（錶筆等），由救國團潘主任代為轉送。

中常會談話

　　本黨在今年二月十四、十五兩日舉行了第十二屆二中全會，由於全體出列席的同志，一本犧牲奉獻的精神，坦誠而虛心的進行檢討和策勵，不僅發揮了本黨革命民主政黨與時俱進的精神，更充分顯示了精誠團結的氣象。希望全體同志針對二中全會的各項決議文，更進一步積極策行，並列入工作的考核範圍。

　　第一屆國民大會第七次會議，自二月二十日至三月二十五日舉行會議，全體代表殫精竭慮，公忠體國使會議順利進行，對於憲政大計，深思熟慮，有著非常豐碩的貢獻，真是一次歷史性的重要會議，深值欽佩。而所有本黨籍的代表同志，都能達成二中全會交付的政治任務，這種犧牲奉獻的精神，尤感佩慰。對於國民大會所討論通過的各項議案，以及對政府的建議，深望本黨從政同志和黨務工作同志，迅即一一研究，妥慎辦理。

　　在第十二屆二中全會和國民大會第七次會議隆重舉行之後，深深感到，當前的國際形勢，仍然是動盪多變，國家建設要作進一步的開展，因此本黨的責任，比

之以往更加艱鉅，但是我們的信心都比以往更為堅強，
我們的立場，比以往尤為堅確，今後我們更應當本著
「國家第一，民眾為先」的要求，治事以民意為根本，
工作以服務為前提，相喻以義，相待以誠，團結奮發，
努力不懈，來掌握這一復國建國的關鍵時刻，創造三民
主義統一中國的新形勢、新機運。

青年節題詞

效法先烈革命志節
永保青年蓬勃朝氣
傳承歷史文化火炬
完成反共中興大業

蔣經國

中華民國七十三年三月二十九日

3月29日　星期四

上午

九時三十一分，偕同郝總長柏村、汪顧問道淵、張副秘
書長祖詒，乘專機飛抵澎湖馬公機場。

九時四十三分，赴澎湖防衛部途中，曾巡視了烏崁戰
車連。

十時十二分，在澎湖防衛部聽取王司令官文燮等簡報，
對防區官兵堅守崗位、強化戰備、捍衛海疆的辛勞，表
示嘉勉。

十時三十七分，蒞臨馬公鎮民生路上訪問。民眾們見到
總統，都高興的分別傳告，齊聲向總統歡呼拍手致敬。

總統亦頻頻向民眾們問好。

十時四十一分，巡視澎湖漁港。

十時四十六分，在第一賓館，約見縣長謝有溫、縣議長陳西南、縣黨部主任委員張晉相等，詢問地方建設等情形。對二月底「馬公輪」發生爆炸的善後工作以及澎湖地區自來水的供應問題，曾特致關切。

十一時五十分，至西嶼鄉清心飲食店用餐。使店主呂酒瓶極感榮幸。總統曾和他親切交談，詢問其近況，並致送金門紀念酒，供其品嘗。在離開清心飲食店時，還與熱情而來的民眾招呼和合影留念。

中午

十二時五十八分，至通梁榕園，觀賞大榕樹。

下午

一時三十五分，在第一賓館約見地方駐軍首長，並有所期勉與指示。

一時五十一分，離開賓館，於巡視成功水庫後，至機場乘專機飛返臺北。

3 月 30 日　星期五
【無記載】

3 月 31 日　星期六
下午

四時二十四分，在大直寓所見郝總長柏村。

4月1日　星期日

今為中央通訊社六十週年社慶，特頒書面賀詞，勉該社同仁，充分發揮為國人耳、目、喉、舌之功能，為國家塑造更佳形象，以促致三民主義統一中國偉大使命的早日完成。

下午

二時四十七分，在大直寓所見蔣秘書長彥士。

四時二十分，見秦主任委員孝儀。

中央通訊社六十週年社慶賀詞

中央通訊社創立於民國十三年四月一日，六十年來，經由先後主持同仁擘畫週詳，領導有方，全社員工勗勉努力，忠勤奮發，乃能使業務不斷擴展精進，日新又新，由全國性通訊社，邁進為國際性通訊社，於加強國際新聞交流，配合國內大眾傳播事業發展，提供正確、迅捷之資訊服務，貢獻卓著，成就輝煌，殊堪嘉尚。

際茲六十週年社慶，特敬申衷心賀忱，更深信全社同仁，秉持「新、速、實、簡」之原則，繼續研究發展，接受進步觀念，採用最新科技，擴大與國際新聞同業之合作，必能為全國讀者及世界各地人士提供更正確、迅捷之新聞資訊，充分發揮為國人耳、目、喉、舌之功能，為國家塑造更佳形象，以促致三民主義統一中國偉大使命之早日完成！

4月2日　星期一

今日賜頒「勛猷著績」輓額，以悼念故空軍二級上將徐
煥昇之喪。

上午

八時四十分，至圓山飯店理髮。

九時二十八分，在府見張副秘書長祖詒。

九時五十六分，分別接見來華訪問之各國主要通訊社負
責人二十人，曾就當前世局作廣泛交談，並期望他們多
多參觀我國文化政經等建設，以增加對我政府與人民之
了解。

下午

四時四十二分，在大直寓所見沈秘書長昌煥。

五時四十八分，見振興復健中心鄧院長述微。

4月3日　星期二

上午

九時四十四分，在府見郝總長柏村。

十時，主持軍事會談。

十時五十二分，見警備總部陳總司令守山。

下午

四時二十八分，在大直寓所見俞總裁國華。

4月4日　星期三　先總統蔣公逝世九週年紀念日
上午

八時五十九分，至慈湖陵寢。

九時，偕同家人在蔣公靈堂前行禮、默禱，表達無限的孺慕與追思。

4月5日　星期四
【無記載】

4月6日　星期五
上午

九時十分，在府見張副秘書長祖詒。

十時〇二分，見汪顧問道淵。

十時二十二分，見蔣秘書長彥士。

下午

二時五十五分，在府接見行政院外籍科技顧問賽馳博士、賓納德博士、葛斯道博士、魏思文博士、艾格漢博士、艾凡思先生及科技顧問在美聯絡人艾德科博士等八人。

三時五十八分，見馬秘書長紀壯、李政務委員國鼎。

四時二十七分，見郝總長柏村。

4月7日　星期六

今日賜頒「懋績永昭」輓額，悼念故行政院政務委員費驊之喪。

下午

四時二十六分，在大直寓所見秦主任委員孝儀。

4 月 8 日　星期日

下午

三時三十分，在大直寓所見俞總裁國華。

4 月 9 日　星期一

下午

三時三十一分，至圓山飯店理髮。

四時十三分，至榮民總醫院探視孫院長運璿。

五時，在府見國防部總政治作戰部許主任歷農。

五時二十五分，見張副秘書長祖詒。

六時，見蔣秘書長彥士。

4 月 10 日　星期二

上午

九時，在府接見「世界媒體會議」代表考察團團長麥克
阿瑟二世及世界媒體會議執行主任墨菲等二人。

九時三十五分，見行政院邱副院長創煥。

九時五十五分，主持財經座談。於聽取經建會主任委員
俞國華報告當前經濟情勢後，曾提出重要指示，期勉大
家在加速科技進步、改進基礎教育、培育管理人才、提
高農民所得以及防治環境公害等方面，併作努力。

十一時〇七分，見馬秘書長紀壯。

下午

四時二十二分，在大直寓所見沈秘書長昌煥。

財經座談指示

一、我國經濟自去年開始復甦後，今年第一季又持續擴
張，民間投資亦有增加，顯示經濟不景氣問題，已
在全國上下共同努力下逐漸克服。過去三年來，為
因應第二次能源危機的衝擊，政府有關部門曾採行
各種短期措施，現在經濟復甦益趨明顯，有關部門
應就該等措施方案通盤檢討，使短期因應措施恢復
正當化，並加強長期規劃工作，如因應工業國家的
保護政策，加速科技進步與產業結構改善，加強人
力培養與運用的配合，以及健全經社法制等方面，
必須有週詳的規劃，前瞻性的作法，方能予以克
服，為未來經濟關創新局。

二、臺灣地區自然資源缺乏，但由於我們人力資源的有
效發揮，因而促成國家建設各方面的長足進步，今
後我們能否再接再厲，突破現狀，進入一個現代化
的開發國家，其關鍵必然仍在人力的充分運用。因
之教育及有關部門應即積極加強改進基礎教育，培
養高素質人力，並使其與需要配合，以達到人盡其
才、才盡其用的理想境界。

三、我國經濟發展程度日漸提高，民間經濟活動益趨擴
大，勢應更加重視市場機能的發揮，故政府有關部
門宜在金融、賦稅、貿易、產業等政策或制度的設
計方面，秉持計畫性自由經濟的原則，有計畫地進

行為民間企業創造出具有充分競爭的經濟環境，而民間企業同時亦應建立現代化的企業組織與經營管理體系，加強研究發展，並積極培養技術與經營管理人才，使我國經濟的比較利益優勢得以充分發揮。

四、我國經濟發展至現階段，農業勞力大量外移，農業土地的利用率有顯著降低的趨勢，以及單位面積的生產價值不能有效提高，以致農家所得增加的主要來源改以仰賴兼業所得。今後為確實達成地盡其利的目標，對於農地利用，應加強整體規劃，並研究以科學技術協助農業生產，俾增進農業生產力及提高農民所得。

五、近數年來工業污染及環境公害問題有漸趨嚴重的趨勢，對國民生活品質與自然生態環境都造成相當不利的影響。政府有關單位除應在公害防治技術與觀念方面切實研究與宣導外，更應適時檢討修訂有關法令規章，並遵照法令嚴格執行取締工作，務使工商企業與社會大眾都能養成知法守法的好習慣，以及保護環境人人有責的正確觀念，使國人在工商不斷進步的同時，仍能享有美好健康的生活環境。

4月11日　星期三

上午

八時二十九分，在中央黨部見蔣秘書長彥士。

九時，主持中常會。會後，曾殷切垂詢高雄市市長許水德，關於南部地區最近有無下雨及供水情形如何，並聽

取其報告。

九時五十五分，見嚴常委家淦。

下午

四時四十七分，在大直寓所見臺灣省黨部宋主任委員時選。

七時五十三分，見秦主任委員孝儀。

4月12日　星期四

下午

四時二十分，在府見司法院黃院長少谷。

五時三十四分，見馬秘書長紀壯。

4月13日　星期五

下午

三時二十七分，在大直寓所見俞總裁國華。

五時二十五分，見蔣秘書長彥士。

4月14日　星期六

上午

九時五十分，在中央黨部見陳資政立夫。

十時四十分，見國家安全局汪局長敬煦。

十時五十八分，見蔣秘書長彥士。

下午

四時二十五分，在大直寓所見沈秘書長昌煥。

4 月 15 日　星期日

下午

三時三十四分起，分別見新任海軍武官邱奕和、空軍武官葛光越。

四時，以茶點款待美國聯邦參議員高華德夫婦及其助理崑韋廉夫婦，由馬秘書長紀壯夫婦、沈秘書長昌煥夫婦、外交部朱部長撫松等作陪。

四時四十一分，見朱部長撫松。

四時五十一分起，分別見馬副侍衛長有敬、海軍武官顧崇廉、空軍武官丁滇濱。

4 月 16 日　星期一

第十屆歐華會議、第二屆世界五大洲聯誼總會，分別於今、明兩日，在西德慕尼黑舉行開幕典禮。總統特頒書面賀詞，期勉全球僑彥，宏揚「四海同心」精神，為祖國及僑社開創更光明的前途。

下午

五時十分，在大直寓所見秦主任委員孝儀。

第十屆歐華會議
第二屆世界五大洲聯誼總會書面賀詞

旅歐華僑團體聯合會第十屆世界五大洲華人聯誼總會第二屆年會全體代表公鑒：

我華僑基於勤奮開創與愛好和平之傳統，在此紛擾不安的世界中，正扮演日益重要的建設性角色。貴年會

此次在西德慕尼黑聯合舉行，再度提供了一個交換經驗促進團結的契機，至足欣慰，

　　各位代表身為全球僑彥，必能集思廣益，共策新猷，續謀本身事業之進步與發展，並加強與僑居地人民之睦誼，以宏揚「四海同心」之精神，擴大自由世界之合作，有效反制中共之統戰陰謀，厚植三民主義統一中國之基礎，而為僑社及祖國開創更光明的前途。特申衷心賀忱，並祝大會圓滿成功。

總統　蔣經國

4月17日　星期二

國軍退除役官兵輔導會議，今日起在中山樓舉行四天。總統特頒書面致詞，期勉榮民弟兄一本「自強不息」精神，堅定團結，繼續努力，共同保證輔導事業的永續成長開展。

上午

八時四十五分，至圓山飯店理髮。

九時三十七分，見汪顧問道淵。

九時五十九分，接見美國聯邦參議員狄康西尼夫婦、眾議員羅伊德女士、威德克爾夫婦、戴馬利夫婦等七人。

十時二十六分，見馬秘書長紀壯。

十時四十分，見郝總長柏村。

下午

四時二十四分，在大直寓所見俞總裁國華。

行政院國軍退除役官兵輔導委員會年輔導會議 書面致詞

鄭主任委員並七十三年輔導會議全體榮民代表暨輔導會 各位同仁：

一年一度的輔導會議，是策進輔導工作發展，鞏固 榮民和諧團結及加強整體精神動員的重要集會，大家共 聚一堂，集思廣益，相互惕勵，期使輔導事業愈趨欣欣 向榮，對國家社會提供更多更大的貢獻。

榮民弟兄為報效國家，服務社會，一生飽經憂患， 歷盡艱辛，經國非常繫念大家的生活及工作情形，特製 懇摯的慰問之忱。

輔導會成立三十年來，輔導安置榮民，對於建設國 家、安定社會、以及開拓國際關係，績效卓著。這些成 就，一方面是由於輔導會各級工作同仁的辛勤努力，負 責盡職；而最重要的，乃是全體榮民弟兄都能明大義、 識大體，刻苦耐勞，自愛自重，這種忠勤為國，奮勵開 創的表現，勘為社會楷模，民眾示範。

今後期望全體榮民弟兄，一本「自強不息」的精 神，堅定團結，繼續努力；並希輔導會各及同仁，秉承 「以榮民為本位」的一貫工作信條，高度發揮愛心耐 心，熱誠服務照顧榮民，共同保證輔導事業的永續成長 開展，為完成復國建國大業勇往邁進。

祝福各位健康愉快，勝利成功！

4月18日　星期三

今日欣逢總統華誕吉辰，照常作息，處理公務。

上午

八時三十二分，在中央黨部見蔣秘書長彥士。

九時，主持中常會，在蒞臨會場時，嚴常委家淦偕全體
中央常務委員與列席主管同志，曾起立鼓掌，祝賀主席
福壽無疆。主席亦向出席同志表示謝忱，並祝大家健康
快樂。

九時五十分，見嚴常務委員家淦。

十時〇九分，見宋部長長志。

十時二十六分，見秦主任委員孝儀。

十時三十一分，見臺灣省政府李主席登輝。

4月19日　星期四

上午

九時五十八分，在府接見美國聯邦參議員賽瑟、麥考斯
基夫婦、眾議員戴森等四人。

十時三十二分，見郝總長柏村。

下午

四時十五分，在大直寓所見沈秘書長昌煥。

4月20日　星期五

下午

三時二十一分，在大直寓所接見美國在臺協會臺北辦事
處處長李潔明。

4 月 21 日　星期六
下午

三時二十五分，在大直寓所見俞總裁國華。

四時三十八分，見秦主任委員孝儀。

4 月 22 日　星期日
上午

九時五十八分，至圓山飯店理髮。

十時三十九分，至榮民總醫院探望孫院長運璿。

下午

三時二十五分，在大直寓所見蔣秘書長彥士。

4 月 23 日　星期一
上午

九時〇七分，在府見外交部朱部長撫松。

九時二十二分，見臺泥公司辜董事長振甫。

九時四十二分，見臺肥公司王董事長玉雲。

九時五十七分，見戰略顧問賴名湯。

十時二十四分，見前基隆港務局局長袁鐵忱。

十時三十四分，見前臺中港務局局長陳鳴錚。

十時四十九分，巡視府內大禮堂。

4 月 24 日　星期二
因關心金馬前線軍民用水，今晚特專電金門、馬祖防區
司令官，垂詢金馬地區雨量蓄水及供水情形。並指示他

們要經常注意當地水土保持及供水設施，以期克保水源
充裕。

4月25日　星期三

今為總統府國策顧問曾虛白九秩壽辰，總統特頒壽軸
「遐齡永福」，以申賀意。

上午

八時三十分，在中央黨部見蔣秘書長彥士。

八時四十五分，見行政院邱副院長創煥。

九時，主持中常會。

九時五十一分，見戰略顧問高魁元。

十時十九分，見中央黨部副秘書長陳履安。

十時三十八分，見蔣秘書長彥士。

下午

五時十五分，在大直寓所見沈秘書長昌煥。

八時，見臺灣省黨部宋主任委員時選。

4月26日　星期四

下午

三時四十分，在府見鄒副參謀總長堅。

四時〇四分，見馬秘書長紀壯。

四時三十分，見宋部長長志。

四時五十分，見新聞局宋局長楚瑜。

四時五十六分，見張副秘書長祖詒。

4 月 27 日　星期五
下午

三時五十分，在府見蔣秘書長彥士。

四時二十六分，見馬秘書長紀壯。

四時四十六分，見沈秘書長昌煥。

五時〇三分，見朱部長撫松。

六時十二分，見外交部丁次長懋時。

4 月 28 日　星期六
今日明令：特派行政院政務委員林金生為中華民國與聖露西亞國簽署建交公報全權特使。

下午

二時五十四分，在大直寓所見秦主任委員孝儀。

五時三十四分，見宋局長楚瑜。

4 月 29 日　星期日
下午

三時二十五分，在大直寓所見沈秘書長昌煥。

4 月 30 日　星期一
上午

九時，在府見汪顧問道淵。

九時二十五分，接見美國前聯邦參議員早川雪。

九時五十七分，主持座談。參加者有嚴前總統、司法院黃院長少谷、馬秘書長紀壯、沈秘書長昌煥、蔣秘書長

彥士、張副秘書長祖詒。

5 月 1 日　星期二

今日特頒書面賀詞，向全國勞工朋友賀節，並期勉大家
發揮苦幹實幹精神，再創經濟發展奇蹟。

下午

三時四十七分，至圓山飯店理髮。

四時三十七分，在府見宋部長長志。

四時五十七分，見鄒副總長堅。

五時十三分，見馬秘書長紀壯。

今天特囑總統府馬秘書長轉知海內外同胞暨各機關與團
體，對總統、副總統就職，不作慶賀之舉，而代之以充
分之支持與督勵。

勞動節書面賀詞

五一勞動節慶祝大會主席並轉全國親愛的勞工朋友們：

　　今天是中華民國七十三年勞動節，經國對全國勞工
朋友們，終年辛勞，從事提高生產績效，加速經濟發
展，促進國家建設，深感佩慰，特別藉此機會，表示誠
摯的謝意，並向各位賀節。

　　勞工是工業社會的主體，是國家經濟發展的動力，
自應分享國家經濟發展的成果，而國家總體利益，與全
國同胞，息息相關。是以政府年來施政目標，致力於增
進全民福祉，同時保障勞工利益，改善勞工生活，使
勞資關係融洽，生產事業發達。今後政府當依據既定勞
工政策，積極鼓勵各業勞工健全工會組織，改善勞動條

件，增進勞工福利，加強勞工安全衛生，期以符合「生
產與福利並重」之旨。盼望企業界人士及勞工朋友支持
政府政策，加強配合推行。

親愛的勞工朋友們！值此國家經濟邁向開發國家行
列的年代，亦正是我勞工朋友們再度發揮苦幹實幹精
神，創造又一次復興基地經濟奇蹟的時刻，希望全國各
位勞工朋友，本著以往相親相愛，精誠團結的良好傳
統，站在自己崗位上，自立自強，加速推進各項建設，
厚植國家力量，共同迎接三民主義統一中國之歷史新紀
元的來臨。

敬祝各位勞工朋友健康快樂！

轉知海內外同胞暨各機關與團體對總統、副總統就職不作慶賀之舉

總統與副總統是為國為民服務之公僕，其就職典
禮，乃總統、副總統對國家與國民盡職忠之宣告。此次
經國與李登輝副總統就職之期，唯望海內外同胞共同以
實踐三民主義、建設復興基地、光復大陸國土之大政至
計，深相期勉，並惠予經國及政府同仁以充分之支持與
督勵；此外任何慶賀方式所表達之盛情厚愛，均將增加
經國內心之惶愧。區區之忱，務希亮詧。

5月2日　星期三

上午

八時三十二分，在中央黨部見蔣秘書長彥士。

九時，主持中常會。

十時〇七分，見倪部長文亞。

十時三十五分，見宋局長楚瑜。

十時五十分，見外交部丁次長懋時。

十時五十七分，見組織工作會梁主任孝煌。

下午

四時五十九分，在大直寓所見國家安全會議沈秘書長
昌煥。

七時四十九分，見秦主任委員孝儀。

5 月 3 日　星期四

下午

三時三十七分，在府見張副秘書長祖詒。

四時十分，見汪顧問道淵。

四時三十二分，見蔣秘書長彥士。

四時五十分，見宋部長長志。

五時〇五分，見馬秘書長紀壯。

5 月 4 日　星期五

下午

二時五十分，至榮民總醫院探望孫院長運璿。

三時二十八分，在府見宋部長長志及汪顧問道淵。

四時四十八分，見俞總裁國華。

五時二十二分，見鄒副總長堅。

5月5日　星期六

今日明令特任駐多明尼加共和國大使王孟顯兼任駐聖文森國大使。

下午

三時二十分，在大直寓所見蔣秘書長彥士。

四時三十三分，見沈秘書長昌煥。

5月6日　星期日

下午

三時三十五分，在大直寓所見秦主任委員孝儀。

四時五十八分，見俞總裁國華。

5月7日　星期一

下午

三時○八分，至圓山飯店理髮。

三時五十八分，在府見宋部長長志。

四時二十一分，見朱部長撫松。

四時四十八分，見蔣秘書長彥士。

五時十二分，見馬秘書長紀壯。

5月8日　星期二

下午

四時○一分，在府見宋部長長志。

四時十六分，見馬秘書長紀壯。

四時三十一分，見蔣秘書長彥士。

四時五十七分，見沈秘書長昌煥。

五時三十分，見張副秘書長祖詒。

5 月 9 日　星期三

上午

八時三十六分，在中央黨部見蔣秘書長彥士。

九時，主持中常會。

九時三十七分，見宋部長長志。

九時四十九分，見邱副院長創煥。

十時〇四分，見臺灣省政府李主席登輝。

十時三十分，見馬秘書長紀壯。

下午

七時五十五分，在大直寓所見臺灣省黨部宋主任委員
時選。

5 月 10 日　星期四

下午

三時二十五分，在府見鄒副總長堅。

三時五十五分，接見美國芝加哥論壇報北平分社主任布
羅德。

四時二十五分，見宋局長楚瑜。

四時三十二分，見陳資政立夫。

五時十一分，見宋部長長志。

5月11日　星期五

上午

九時四十四分，在府見謝副總統。

九時五十五分，舉行授勳儀式，親自頒授謝副總統一等卿雲勳章，以酬其忠勤謀國，功在國家之卓越貢獻。

十時〇五分，見蔣秘書長彥士。

十時二十一分，見香港工商日報社長何鴻毅。

十時五十五分，接見新加坡共和國外交部部長丹那巴南。

十一時〇五分，見馬秘書長紀壯。

十一時十三分，見朱部長撫松。

下午

四時四十五分，在大直寓所見俞總裁國華。

五時三十六分，見秦主任委員孝儀。

謝東閔勳章證書

謝副總統東閔，膺任六年，同濟艱難，克莊克敬，至誠至忠，特授予一等卿雲勳章，酬賢良之殊功，彰國家之榮典。

5月12日　星期六

上午

十時四十七分，在大直寓所見秦主任委員孝儀。

下午

三時五十四分，在大直寓所見余南庚博士夫婦。

四時四十五分，見蔣秘書長彥士。

六時十八分，見秦主任委員孝儀。

5 月 13 日　星期日

下午

四時二十六分，在大直寓所見沈秘書長昌煥。

5 月 14 日　星期一

今天以書面賀詞，期勉世華貿易會議代表，一本既往熱誠，增加僑居地與祖國的經貿關係，以助華商事業之發展。

下午

三時○六分，至圓山飯店理髮。

三時五十一分，在府見宋部長長志。

四時，接見教廷財務委員會主席羅西樞機主教。

四時十六分，見馬秘書長紀壯。

四時二十五分，見蔣秘書長彥士。

四時三十七分，主持一項座談，參與者有馬秘書長紀壯、沈秘書長昌煥、蔣秘書長彥士、宋部長長志。

第十四屆世界華商貿易會議書面賀詞

第十四屆世界華商貿易會議全體代表公鑒：

貴會自民國五十二年創立以來，歷屆會議均能配合

國際情勢之變化，著眼華商共同利益，薈萃華商俊彥，
各抒智慮，共獻方策，致力增進華商合作，裨益華商事
業，促進海內外各地區之貿易交流及經濟開發，貢獻殊
多，至堪欣慰。

　　盱衡未來世界經濟形勢，國內在經濟方面，為迎接
新的挑戰，政府已籌策經濟發展長期規畫，加速科技發
展，改進產業結構，加強人力培養與運用的配合，健全
有關法制，改善投資環境，為未來經濟開創新局。深盼
各地區華商一本既往熱誠，作為增進僑居地與祖國的經
濟貿易關係的橋樑，與國內工商界取得更廣泛的投資與
技術合作，以助華商事業的發展，同時裨益僑居地與祖
國的經濟繁榮。

　　欣逢貴會第十四屆會議在國內舉行，特函致賀，並
祝大會圓滿成功，各位代表身心愉快！

5月15日　星期二
下午

五時四十分，在大直寓所見俞總裁國華。

5月16日　星期三
上午

八時二十九分，在中央黨部見蔣秘書長彥士。

九時，主持中常會。通過行政院院長、副院長、政務委
員及各部會首長從政同志的總辭案。會中，主席對於孫
院長運璿同志的政績和辛勞，曾備致嘉佩之意。此外，
還通過從政黨員臺灣省政府主席李登輝同志請辭一案；

主席一職，由秘書長劉兆田同志暫行代理。

十時〇四分，見宋局長楚瑜。

十時〇八分，見宋部長長志。

十時四十一分，至榮民總醫院探望孫院長運璿。對他主持院務，竭智抒忠，和衷籌畫，深致讚佩。更囑他善自珍攝，早臻康復，俾再為國家多所奉獻。

下午

五時〇四分，在大直寓所見秦主任委員孝儀。

5 月 17 日　星期四

下午

四時二十一分，在大直寓所見秦主任委員孝儀。

5 月 18 日　星期五

下午

三時三十五分，在府見宋部長長志。

三時五十分，見郝總長柏村。

四時二十九分，見蔣秘書長彥士。

五時〇七分，見汪顧問道淵。

五時二十六分，見馬秘書長紀壯。

5 月 19 日　星期六

上午

十時，至圓山飯店理髮。

十時四十八分，見謝副總統。

十一時，見蔣秘書長彥士。

十一時十八分，見張副秘書長祖詒。

5月20日　星期日

中華民國第七任總統、副總統宣誓就職典禮，今日上午
九時，在中山樓中華文化堂舉行，由大法官會議主席司
法院院長黃少谷監誓。總統在典禮中，並致詞表示，定
當本著「有所為，有所不為」和「有所變，有所不變」
的秉持，明辨是非，擇善固執，緊密的和海內外同胞站
在一起，來為三民主義統一中國，共同努力，為中國的
未來開拓出一條光明大道。

十時三十分，至總統府。

十時三十三分，至副總統辦公室，向李副總統致賀意。

十時四十九分，嚴前總統來府，向總統申致賀意。

十一時〇三分，在府內大禮堂，接受本國文武官員之
觀賀。

十一時十七分，在大會客室分批接受駐華外交使節團及
訪華外賓們之觀賀。

下午

二時四十二分，在中央黨部主持臨時中常會，通過提名
俞國華同志為新任行政院院長。主席在介紹俞同志之經
歷與成就時，嘉許其有為有守，必能任重致遠。

三時二十六分，在府接見韓國國會議長蔡汶植及外務部
亞洲事務局局長金在春。

四時〇五分，接見沙烏地阿拉伯王國財政部部長阿巴

赫爾。

四時二十五分，接見美國前運輸部部長劉易士、在臺協
會理事主席丁大衛、臺北辦事處處長李潔明等。

五時，接見美國美中經濟協會理事長大衛・甘乃荻、會
長莫偉禮以及戚烈拉將軍。

就職致詞全文

親愛的全國同胞們、諸位貴賓：

　　國民大會第七次會議，選舉經國為中華民國第七任
總統，今天和李登輝副總統依法宣誓就職，決以至誠，
謹守誓言，恪遵憲法，盡忠職務，增進人民福利，保
衛國家。這是全體國民交付的使命，也是個人莊嚴的
責任！

　　中華民國開國建國，充滿了可歌可泣的史頁，是國
父與先總統蔣公兩位偉大領袖的堅苦卓絕、英明領導，
是無數先烈志士的前仆後繼、英勇犧牲，掃除層層障
礙，克服重重難關，給我們留下了不朽的治國寶典——
三民主義憲政宏規，所有中華兒女應當謹敬傳承這份榮
輝，繼往開來，發揚光大。

　　當前國際局勢雖然依舊動盪不定，我們的最後敵人
——中共匪幫仍在為虐不仁，但是，歷史與經驗清楚地
告訴我們，從來在自由對奴役、正義對邪惡的戰鬥中，
「仁者無敵、暴政必亡」是顛撲不破的鐵則。我們為民
主法治而奮鬥，為自由正義而作戰，目標崇高，信心堅
定，如今以仁制暴、敵消我長的大勢已明，只要我們繼
續精誠團結，鍥而不捨的努力，必能再創民族新運，贏

得反共復國聖戰的最後勝利！

　　唯其勝算在握，我們更應淬礪奮發，勇往向前。經國認為，今天反共建國的基本國策絕對不變的大前提已早為國人所肯定，安定與進步必須兼籌並顧的大原則也久為國人所認同。因之，國家的大是大非、應興應革，也無不可以開誠布公、獲得共識。經國一向深信，「誠」是推進政治的原動力，「公」是施政作為的水平儀，唯有「開誠心、布公道」，政府與民眾相互信任，纔能同心同德、肝膽相照，產生眾志成城的力量，纔能加速達成中興復國的歷史任務！

　　本此體認，今後施政，當在「國家利益第一、民眾福祉為先」的一貫方針下，更致力發揮幾個中心指標：

一、強化民主憲政功能，溝通民眾意願，結合全國才智，集思廣益、和衷共濟，促進全民團結。

二、加深操危慮患的意識，樹立堅忍圖成的理念，用自立自強的共信，提振民族自尊，達到復興之路。

三、以確保安定為基礎，吸取新觀念與新作法，追求更高、更有效率的革新進步。

四、以勇於任事、敢於擔當的精神，對國家、民族，負起歷史責任，做到一個積極行動的、始終負責的政府。

五、以伸張倫理、維護紀律、提昇道德、改善風氣，來建立更有秩序的法治社會。

　　我們以復興基地的進步繁榮來創造國家光明前途，已有具體的實證，進而以自由民主來統一中國，更有充足的信心。我們決將繼續加速發展各項建設，壯大成

果,以實力增強國家地位,開拓廣大國際關係,為貫徹反共大業盡全責,為解救大陸同胞盡全心,為捍衛中華文化盡全力!

現在國步雖艱,而國力方盛。面臨未來許多挑戰,謹記先總統蔣公「莊敬自強、處變不驚、慎謀能斷」的遺訓,經國定當本著「有所為、有所不為」和「有所變、有所不變」的秉持,明辨是非,擇善固執,緊密的和海內外同胞站在一起,來為全體中國人的一致願望,也是大家深信必能實現的目標——三民主義統一中國,共同努力,為中國的未來開拓出一條光明大道!

5 月 21 日　星期一

上午

八時十八分,巡視府內大敞廳。

八時三十分,見郝總長柏村。

八時五十七分,在府內大敞廳,舉行遙祭國父陵典禮,由總統主祭,李副總統和五院院長等陪祭,中央政府高級文武官員及政黨人士與祭。

十時三十分,總統與全體陪、與祭國父陵人員抵達慈湖,恭謁先總統蔣公陵寢致敬。

下午

三時五十八分,在府接見海地共和國內政暨國防部國務部長拉楓丹。

四時二十分,接見哥斯大黎加共和國文化、青年暨體育部部長龔薩雷斯暨哥國總統私人代表呂華昌。

四時四十分，接見日本前首相岸信介。

五時〇一分，見張副秘書長祖詒。

5月22日　星期二

今日芝加哥論壇報，在其中西部版中，刊出總統於本月
十日接受該報記者布羅德訪問之問答全文。

下午

三時二十五分，在大直寓所見秦主任委員孝儀。

四時三十分，見沈秘書長昌煥。

美國芝加哥論壇報問答

一、閣下對於雷根總統訪問中國大陸有何看法？閣下是
　　否認為美國對中華民國的支持已遭到破壞？

答：雷根總統此行並無跡象顯示，美國在對中華民國所
　　作的承諾上有所讓步，再度顯示他是一位有原則的
　　人；而且我們相信美國人民極為支持雷根總統此一
　　政策。中美兩國同為自由、民主、繁榮的目標而奮
　　鬥，雙方的密切合作，不僅對我國有利，也是符合
　　美國本身利益的。

二、雷根總統訪問中國大陸是否表示認定中共為正統，
　　而抹殺中華民國為合法政府的主張？

答：我們以為，只有全體中國人民才能決定誰是中國的
　　合法政府。中華民國政府，是根據一九四七年全中
　　國人民選出代表制定的憲法所產生的政府，任何人
　　都不能改變此一事實。此外，我們絕不同意，一個

實行專制、摧殘人權的政權能夠成為合法政權。因此，將中共視為「合法政權」，無異否定主權在民的原則，並使人民的意願變成毫無意義。

三、閣下是否還記得年輕時在奉化家鄉之情景？是否曾有返鄉之念頭？

答：我很清楚記得，奉化家鄉山明水秀，人民生活自由幸福。但是，現在在中共統治下，所有大陸同胞都失去了自由與幸福。我們中華民國政府與人民都有一種強烈的責任感，要使中國大陸獲致像臺灣省一樣的自由與繁榮。也唯有使中國大陸自由化、民主化，臺灣的自由與繁榮才有保障。因此，這不是我個人想不想返鄉的問題，而是如何使大陸同胞重獲自由的問題。

四、貴國何時能解除戒嚴？是否能預見在無戒嚴的狀態下使政治多元化的社會得以發展？

答：事實上，現在臺灣已經是一個多元化的社會了。至於戒嚴，則是由於臺灣面對中共隨時武力進犯及滲透顛覆的威脅，為了確保國家安全及社會秩序，我們乃依據憲法及法律，所不得不採取的若干防範措施。這些措施，對人民正常的自由活動、生活福祉、及社會的安寧繁榮非但沒有妨害，反有重大的保障作用。這也是臺灣這卅多年來政治、經濟、社會各方面快速發展形成多元化社會的主要原因之一。因之，我們所採取的防範措施與西方人想像中之全面軍事統治的情形完全不同。而卅多年來，中共從未放棄對臺灣使用武力，也從未停止滲透顛

覆，因此，為了國家安全與人民福祉，維持這些防
範措施仍有必要。

五、一九九七年香港主權歸還中共，對貴國有何影響？

答：香港歸屬中國不是問題，真正的問題乃在於五百多
萬香港居民自由繁榮的未來命運，這些人正面臨被
中共吞噬的厄運。事實上，香港問題為整個中國問
題的一部份，只有在整個中國完全統一在自由民主
的制度之下，香港問題才能獲得真正解決。中共任
何維持香港繁榮現狀的保證或承諾，都是靠不住的
宣傳謊言。我們非常關切香港居民的福祉，對於香
港問題的發展，正在密切注視中。

六、在一九八二年八月十七日美國與中共達成協議逐漸
減少對貴國軍售之後，貴國在未來如何維持足夠之
國防力量？

答：為了亞太地區的安全與和平以及抵制共黨勢力的擴
張，我們相信美國將繼續售我足夠的防衛武器，因
為這是符合中美兩國及本地區自由國家的共同利益
的。另一方面，中華民國深知自立自強的重要性，
而且相信自助而後人助的道理，我們因此也在全力
發展自立的國防工業。

5月23日　星期三

上午八時二十一分，在中央黨部見蔣秘書長彥士。

九時，主持中常會。

十時起，先後見司法院黃院長少谷、行政院邱副院長創
煥、國防部宋部長長志。

下午

三時四十分,在三軍軍官俱樂部見倪院長文亞。

三時五十五分,親自主持款待全體立法委員同志之茶會,介紹行政院院長提名人俞國華同志,稱許其謹身篤志,有守有為,五十年來在任何工作崗位上,都能盡忠職守,達成任務。盼望立法委員同志,在行使同意權時,予以全面的全力的支持。立法委員吳勇雄在茶會中,曾代表臺北縣永和市市民江好楯以玉算盤一只呈送給主席,主席亦欣然接受,並表示將為國家好好打算,為民眾好好打算,絕不為個人來打算。

五時二十二分,在府見馬秘書長紀壯。

五時三十九分,見張副秘書長祖詒。

5 月 24 日　星期四

下午

三時四十四分,在府見郝總長柏村。

三時五十分,接見瓜地馬參謀長羅勃士。

四時二十三分,接見韓國前總理金相浹。

四時四十八分,見馬秘書長紀壯。

五時〇四分,見蔣秘書長彥士。

「中華民國歷史與文化學術討論會」,將於明日在陽明山中山樓舉行。總統特頒書面賀詞,勗勉歷史與文化界人士,秉愛國護史之精誠,為我國近代史實作見證,破敵之枉,解人之惑,成為繼往開來之指引,使中國必須與必能統一於三民主義仁政之理,愈益昭著彰明。

「中華民國歷史與文化學術討論會」書面賀詞

中華民國歷史與文化學術討論會與會諸君公鑒：

　　中華民國歷史文化界諸位俊彥，於國父創黨革命九十週年、講演三民主義六十週年、先總統蔣公奉國父命於黃埔建軍六十週年之時，在中山樓中華文化堂，舉行「中華民國歷史與文化學術討論會」，實為極具意義之盛事。

　　近代中國飽經憂患，以致中華歷史與文化迭罹浩劫，尤其自共匪作亂禍國，毀我文化，篡我歷史，迫害我知識份子，無所不用其極，並肆其欺枉宣傳，使國際傳播界亦備受愚弄，乃至是非混淆、真偽難辨。近年以來，幸賴我歷史文化界人士神聖使命感之發揮，各以其求真精神與公正史筆，客觀舉證而予共匪以有力之駁斥；並以誠摯合作之服務，為國際人士提供正確史料而增進其瞭解；目前復由於西方具有歷史眼光與文化素養之學者與記者，不斷深入大陸實地觀察真象，而使共匪之欺世謊言，得以逐步揭穿，此實人性、真理，不可磨滅之鐵證。

　　當茲真理正義日現光明之際，我中國知識份子必能更積極地發揚以天下為己任之傳統。深望國內歷史與文化界人士，秉愛國護史之精誠，為我國近代憂患與興復之史實作見證，破敵之枉，解人之惑，成為國人鑑古勵今、繼往開來之指引，使中國必須與必能統一於三民主義仁政之理，愈益昭著彰明。經國於大會開幕之日，特向諸君深致期許與祝賀之至意，並祝討論會成功。

5 月 25 日　星期五

今日令派總統府戰略顧問賴名湯上將為中華民國慶賀薩
爾瓦多共和國總統就職典禮特使。

總統於立法院今日投票同意由俞國華出任行政院院長
後，即頒布明令：
行政院院長孫運璿，呈請辭職，情詞懇摯，應予照准。
特任俞國華為行政院院長。

總統聘孫運璿先生為總統府資政。並派馬秘書長紀壯於
今天上午持聘書至榮民總醫院，代表總統當面致送。

上午
十一時四十五分，在中央黨部見組織工作會梁主任
孝煌。

下午
四時〇五分，在大直寓所見新任行政院長俞國華。
五時二十分，見沈秘書長昌煥。

5 月 26 日　星期六
上午
九時十六分，在府見汪顧問道淵。
九時三十分，見宋部長長志。
九時五十二分，見中央信託局張理事主席繼正。
十時十二分，見中山大學李校長煥。

十時三十六分，見教育部朱部長匯森。

十時四十五分，見僑務委員會毛委員長松平。

十一時，見警備總部陳總司令守山。

下午

三時三十一分，在大直寓所見新任行政院院長俞國華。

5月27日　星期日
上午

八時四十二分，在大直寓所見余博士南庚。

下午

三時二十分，在大直寓所見沈秘書長昌煥。

5月28日　星期一
上午

八時四十分，至圓山飯店理髮。

九時十七分，在中央黨部見蔣秘書長彥士。

九時三十分，見李副總統。

九時五十分，主持臨時中常會，通過主席提議新任行政院副院長、政務委員、八部二會首長等人選。主席並致詞慰勉全體立法委員、全黨同志，要有新的精神，新的方法，為國盡忠，為民服務。

十時十四分，見司法部黃院長少谷。

十時三十分，見高戰略顧問魁元。

十時四十五分，見秦主任委員孝儀。

十一時，見蔣秘書長彥士。

下午

三時二十九分，在府見郝總長柏村。

三時五十八分，見陸軍蔣總司令仲苓。

四時二十分，見海軍劉總司令和謙。

四時五十分，見空軍郭總司令汝霖。

五時十三分，見國防部總政治作戰部許主任歷農。

五時三十三分，見汪顧問道淵。

總統今日明令發表行政院部會首長：

副院長	林洋港
政務委員	馬紀壯　李國鼎　高玉樹　張豐緒
	周宏濤　趙耀東　郭為藩
內政部長	吳伯雄
外交部長	朱撫松
國防部長	宋長志
財政部長	陸潤康
教育部長	李　煥
法務部長	施啟揚
經濟部長	徐立德
交通部長	連　戰
蒙藏委員會委員長	董樹藩
僑務委員會委員長	曾廣順

此外，特任沈昌煥為總統府秘書長。

特任汪道淵為國家安全會議秘書長。

5月29日　星期二
下午

三時五十三分，見郝總長柏村。

四時十七分，見中央黨部陳副秘書長履安。

四時三十七分，見新任行政院政務委員郭為藩。

四時四十三分，見新任蒙藏委員會委員長董樹藩。

四時五十分，見憲兵劉司令馨敵。

五時〇八分，見張副秘書長祖詒。

5月30日　星期三
上午

八時三十二分，在中央黨部見蔣秘書長彥士。

九時，主持中常會，通過內定新任中央銀行總裁、行政院秘書長、及國科會主任委員之人選案。同時通過各該機關原任首長之辭職案。

九時五十四分，見立委黨部周書記長慕文。

十時〇八分，見宋部長長志。

下午

三時三十四分，在府見張副秘書長祖詒。

三時四十五分，見馬秘書長紀壯。

三時五十三分，接見美國聯邦眾議員艾德華茲。

四時三十五分起，先後見新任內政部長吳伯雄、新任財政部長陸潤康、新任經濟部長徐立德、新任法務部長施

啟揚。

總統今日明令：

中央銀行總裁俞國華呈請辭職，應予照准。

特任張繼正為中央銀行總裁。

行政院秘書長瞿韶華呈請辭職，應予照准。

特任王章清為行政院秘書長。

行政院國家科學委員會主任委員張明哲呈請辭職，應予
照准。

特任陳履安為行政院國家科學委員會主任委員。

5 月 31 日　星期四

上午

九時五十五分，新任行政院院長、副院長、政務委員、
各部會首長，以及行政院秘書長、中央銀行總裁、國家
科學委員會主任委員等，在總統府宣誓就職。並恭請總
統親臨監誓。

十時〇一分，總統與李副總統一同接見五院院長，舉行
會談，就當前大政方針交換意見，並有所提示。總統曾
重申「開誠布公」之意，深望所有政府部門，均能善體
斯旨，為發揮整體力量、促進國家建設，而共策共勉，
實踐力行。

十時三十四分，見俞院長國華。

下午

五時十五分，在大直寓所見蔣秘書長彥士。

宣誓政府首長

行政院院長	俞國華
行政院副院長	林洋港
行政院政務委員	馬紀壯　高玉樹　張豐緒
	周宏濤　趙耀東　郭為藩
內政部部長	吳伯雄
外交部部長	朱撫松
國防部部長	宋長志
財政部部長	陸潤康
教育部部長	李　煥
法務部部長	施啟揚
經濟部部長	徐立德
交通部部長	連　戰
蒙藏委員會委員長	董樹藩
僑務委員會委員長	曾廣順
行政院秘書長	王章清
中央銀行總裁	張繼正
國家科學委員會主任委員	陳履安

6月1日　星期五

下午

三時十三分，在府見本府沈秘書長昌煥。

三時五十七分，見輔導會鄭主任委員為元。

四時十三分，見前法務部部長李元簇。

四時二十三分，見國家科學委員會王副主任委員紀五。

四時二十九分，見前行政院秘書長瞿韶華。

四時四十分，見國家安全會議汪秘書長道淵。

四時五十八分，見本府沈秘書長昌煥。

五時○五分，見教育部李部長煥。

6月2日　星期六

今日發布明令：

任命邱創煥為臺灣省政府委員兼主席。

下午

三時五十六分，在大直寓所見行政院俞院長國華。

6月3日　星期日

今日為端午節前夕，特派李副總統赴金門，轉達向軍民賀節及慰問之心意。

下午

三時五十二分，在大直寓所見沈秘書長昌煥。

6月4日　星期一
上午
十時三十六分，至榮民總醫院探視孫資政運璿。
十一時〇五分，蒞臨孝勇先生寓所。

下午
四時〇六分，在大直寓所見郝總長柏村。
四時四十分，見俞院長國華。

6月5日　星期二
上午
八時四十二分，至圓山飯店理髮。
九時二十二分，在府見李副總統。
九時四十五分，見行政院駐美採購服務團溫主任哈熊。
十時十二分，見汪秘書長道淵。
十時二十一分，新任本府秘書長沈昌煥、國家安全會
議秘書長汪道淵，在府舉行宣誓就職，總統親臨主持
監誓。
十時四十分，見嚴前總統及沈秘書長昌煥。

下午
三時四十一分起，分別見宋部長長志、行政院周政務委
員宏濤、前農業發展委員會主任委員張憲秋、前國家科
學委員會主任委員張明哲（對此二位前主任委員過去之
辛勞與貢獻，曾有所稱許）、新任行政院秘書長王章
清、新任農業發展委員會主任委員王友釗、國防管理學

院院長果芸等人。

五時二十六分，見郝總長柏村。

五時三十八分，見警備總部陳司令守山。

6月6日　星期三

上午

八時三十三分，在中央黨部見蔣秘書長彥士。

九時，主持中常會。通過行政院院長俞國華同志所提行政院各部會政務次長人選案，以及臺灣省政府委員、秘書長和各廳廳長的人選案。此外，還通過國史館館長請辭及繼任人選案。

九時四十八分，見俞院長國華。

十時，見臺灣省政府邱主席創煥。

十時十一分，見臺北市黨部關主任委員中。

十時二十五分，見中央組織工作會陳副主任金讓。

十時三十二分，見海外工作會莊副主任懷義。

十時四十分，見中央秘書處許副主任大路。

十時四十五分，見秦主任委員孝儀。

下午

五時十一分，在大直寓所見臺灣省黨部宋主任委員時選。

今日發布明令：

國史館館長黃季陸呈請辭職，應予照准。

特任朱匯森為國史館館長。

行政院各部會政務次長名單

內政部政務次長	鄭水枝（新任）
外交部政務次長	丁懋時（留任）
國防部副部長	張國英（留任）
財政部政務次長	李洪鰲（新任）
教育部政務次長	阮大年（新任）
法務部政務次長	王瑞林（新任）
經濟部政務次長	李　模（新任）
交通部政務次長	朱登皋（新任）
僑務委員會副委員長	朱集禧（留任）
僑務委員會副委員長	許鳴曦（新任）
僑務委員會副委員長	柯文福（新任）

臺灣省政府新任委員、秘書長及各廳長名單

委員兼秘書長	劉兆田（留任）
委員兼民政廳廳長	陳孟鈴（委員留任、廳長新任）
委員兼財政廳廳長	李厚高（留任）
委員兼教育廳廳長	林清江（留任）
委員兼建設廳廳長	黃鏡峯（新任）
委員兼農林廳廳長	余玉賢（留任）
省府委員	余學海（留任）　張賢東（留任） 劉裕猷（委員留任不兼廳長） 華加志（留任）　陳正雄（留任） 林保仁（留任）　城仲模（留任） 陳癸淼（留任）　解顯中（留任） 林淵源（新任）　張麗堂（新任）

蘇俊雄（新任）　　古登美（新任）

呂芳契（新任）　　胡惠德（新任）

6月7日　星期四

今日明令任免行政院各部會政務次長及臺灣省政府委員及各廳廳長案。（此項人事異動案，在總統明令發布前，曾由行政院院會通過。）

下午

三時四十分，在府見沈秘書長昌煥。

四時，接見巴拉圭共和國外交部長薩迪華。

四時三十二分，見行政院政務委員張豐緒。

四時四十五分，見蔣秘書長彥士。

6月8日　星期五

總統今日聽取了郝總長柏村關於這次「漢光演習」的全程報告後，對國軍官兵的卓越表現，極為欣慰，特囑郝總長轉達嘉勉之意。

6月9日　星期六

上午

九時〇七分，在府見郝總長柏村。

九時三十三分，見朱部長撫松。

九時五十分，見宋部長長志。

十時，見聯合報董事長王惕吾。

十時三十一分，見中華航空公司董事長烏鉞。

十時五十七分，見汪秘書長道淵。

下午

四時五十分，在大直寓所見秦主任委員孝儀。

6月10日　星期日
中午

十二時，在大直寓所舉行餐會。應邀者有李副總統夫
婦、俞院長國華夫婦、沈秘書長昌煥夫婦。

6月11日至12日　星期一至二
【無記載】

6月13日　星期三
上午

八時二十九分，在中央黨部見蔣秘書長彥士。

九時，主持中常會。

十時二十九分，見俞院長國華。

十時五十九分，見臺北市黨部關主任委員中。

十一時二十九分，見蔣秘書長彥士。

下午

四時四十分，在大直寓所見秦主任委員孝儀。

七時四十八分，見臺灣省黨部宋主任委員時選。

6 月 14 日　星期四

下午

四時十一分，在府見沈秘書長昌煥。

五時○四分，見宋部長長志。

五時十七分，見蔣秘書長彥士。

6 月 15 日　星期五

下午

二時五十六分，至圓山飯店理髮。

三時三十五分，在府見榮民總醫院大夫程壽山。

三時三十八分，見沈秘書長昌煥。

三時五十五分，接見玻利維亞共和國眾議院議長柯
勞瑞。

四時十八分，見大同公司董事長林挺生。

四時五十三分，見青年輔導會高主任委員銘輝。

五時○五分，見張副秘書長祖詒。

6 月 16 日　星期六

今為陸軍軍官學校建校六十週年，總統特以「發揚黃埔
精神、完成統一大業」為題，發表紀念專文，勗勉軍民
同胞，共同發揮光同日月的黃埔精神，來開啟再一次北
伐統一的革命勝利，使三民主義重登大陸，以告慰國父
和先總統蔣公在天之靈。

上午

九時三十五分，在府見李副總統。

十時，見中國時報董事長余紀忠。

十時三十五分，見青年反共救國團潘主任振球。

十時五十八分，見蔣秘書長彥士。

下午

四時，在大直寓所見俞院長國華。

發揚黃埔精神，完成統一大業

六十年前的今天，先總統蔣公奉國父之命，創辦陸軍軍官學校於廣州黃埔，開創了中華民國建軍史的新紀元。六十年來，在兩位革命導師的精神感召和薰陶督勵之下，黃埔師生承襲了革命思想與黃埔精神，實踐「親愛精誠」的校訓，建立了哲學、科學、兵學的軍事教育體系，使國軍一脈相傳，生生不息，鑄鍊成為堅強精粹的勁旅，能夠承先啟後，創造光輝燦爛的革命歷史。

一部黃埔校史，就是一部國民革命史，充滿了無限悲壯的史歌詩篇。緬懷黃埔軍校六十年來的光榮史蹟，展望未來光明前途，深深感到黃埔師生的忠國家民族，不僅在其每一階段的革命使命中，對實現主義、保國衛民作出了偉大的貢獻，同時對國家建設的推動發展、倫理文化的弘揚光大，也產生了積極鼓舞的影響。黃埔建軍的精神，不但對國軍官兵思想志節啟發深遠，對全民以三民主義統一中國的大業更是啟迪良多。

當前世事多變，反共復國的任務方待完成，我們尤其覺得黃埔精神的再提昇、再發揮，實有其重大的時代意義：

第一、砥礪革命志節，培養民族正氣——國父在主持黃
　　　埔軍校開學典禮的訓詞中說：「要做革命事業，
　　　要從自己方寸之地做起……也就是先立革命的
　　　志氣。」
　　　國父所說的革命志氣，是指服膺三民主義的真
　　　理，堅定對主義的信仰，由信仰產生力量，從
　　　而一心一德，貫徹始終，不到成功，決不中
　　　止。黃埔師生在六十年來所表現的革命志氣，
　　　是忠貞不貳、威武不屈，亦即代表了中華民族
　　　的正氣，所以在歷經東征、北伐、剿匪、抗日
　　　諸戰役中，皆能前仆後繼，百戰不殆。而由這
　　　種志節所凝聚的浩然之氣，激盪了民心的振
　　　奮，激發了大義的昂揚，使國家於迭遭危難險
　　　阻時，能夠在艱彌厲，屹立不搖。
　　　我們的中興大業，是正義對邪惡之戰，是弔民
　　　伐罪、以仁制暴之戰。自古公理必勝，義戰必
　　　成，深信只要我們堅持黃埔精神志節，高舉民
　　　族正氣，最後勝利必屬我們。
第二、昇華「親愛精誠」、強化團隊力量——黃埔軍校
　　　以「親愛精誠」為校訓，勉勵全體師生，以至
　　　全軍袍澤，都能志同道合，安危相依，融合「犧
　　　牲、團結、負責」的精神，養成並肩報國、同
　　　生死、共患難的情感，因而將帥士兵，上下一
　　　心，如手如足，乃使國軍部隊意志集中，行動
　　　齊一，成為堅如鋼鐵的一個整體。先總統蔣公
　　　曾說：「所謂親愛精誠，必有協同一致，榮辱

一體之精神，乃可以言親愛；必有自強不息，
篤實不欺之品德，乃可以言精誠。」實是最深
刻的詮釋，也是「親愛精誠」昇華的最高境界。
值茲國民革命全程任務臨到最後決勝的關鍵時
刻，黃埔「親愛精誠」的校訓所蘊涵的情操，
亟應推廣及於海內外全民的各個層面，讓大家
用民族的情感和同胞愛，來交流、來凝固，結
成整個民族的一體，並以這樣親愛精誠的光和
熱，來照耀、來呼喚大陸同胞，使他們堅定團
結，奮勇齊起，摧毀共產制度與匪偽暴政！

第三、宏揚軍中倫理、提振社會道德——所謂軍中倫
理，乃是以武德來保持軍隊的整齊嚴肅，維護
軍紀和榮譽，同時維繫部隊官兵的袍澤關係。
先總統蔣公曾經訓示：「武德是軍人必具的精
神，也就是軍人的靈魂。」並且進而對軍人魂
作了明確的界說：「軍人要知廉恥，辨生死，
負責任，重氣節。」其實軍人的武德和四維八
德原屬一貫，都是做人應有的德性，只是軍人
武德的修養，在軍中能重實踐，使軍中倫理發
揚得完整，發揮得充分，構成了一種無形的武
力，臨危不懼，臨難不苟，而莫之能禦。

　　如今復興基地經濟繁榮，國民生活富裕，而社會風
氣趨於奢靡，實乃由於四維之不張，道德紀律之鬆弛，
有以致之。是故軍中的武德精神與倫理觀念，足為社會
的典範，社會應以軍中的德操為師法，則國人都知自尊
自重，國家必能自立自強。

　　紀念黃埔陸軍軍官學校建校六十週年，同時又適逢國父開講三民主義六十週年，意義無比深長，一方面說明了黃埔建校的宗旨是以實現三民主義為根本，也刻畫出國民革命建軍建國的艱辛歷程；另方面因黃埔精神的閃耀和三民主義建設成果的輝煌，象徵出國家前途的光明。方今以三民主義統一中國的偉大運動，已在海內海外熱烈展開，讓我們記取革命先烈誠摯純潔、犧牲奮鬥的大義血忱，繼續發揮光同日月的黃埔精神，來導發、來開啟再一次北伐統一的革命勝利，使三民主義重登大陸，以告慰國父和先總統蔣公在天之靈。

6 月 17 日　星期日
下午

四時二十二分，在大直寓所見郝總長柏村。

五時三十五分，見秦主任委員孝儀。

6 月 18 日　星期一
下午

三時五十分，在府見宋部長長志。

四時十八分，見聯勤蔣總司令緯國。

四時五十分，見沈秘書長昌煥。

五時〇九分，見蔣秘書長彥士。

五時三十一分，見國防部聯訓部姚主任兆元。

今日明令發布：

特任蔣緯國上將為國防部聯合作戰訓練部主任。

特任溫哈熊上將為聯合勤務總司令。

6月19日　星期二
上午

八時五十八分，在府見李副總統。

九時五十一分，主持座談。參加人員有嚴前總統、司法院黃院長少谷、沈秘書長昌煥、蔣秘書長彥士、袁常務委員守謙。

十時三十分，見蔣秘書長彥士。

十時四十五分，見汪秘書長道淵。

下午

三時四十九分起，在中央黨部分別見蔣秘書長彥士、吳副秘書長俊才、組工會梁主任孝煌、政策會郭副秘書長哲、青工會張主任豫生、社工會蕭主任天讚、組工會鄭副主任心雄。

四時五十分，見蔣秘書長彥士。

五時，見中央婦工會錢主任劍秋。

6月20日　星期三
上午

八時二十九分，在中央黨部見蔣秘書長彥士。

九時，主持中常會。通過主席交議之黨務工作重要人事案。

九時五十分，見中央政策會王副秘書長文光。

九時五十三分，見黃院長少谷。

十時二十三分，見行政院原子能委員會閻主任委員
振興。

下午
三時五十七分，在大直寓所見宋局長楚瑜。
五時五十五分，見秦主任委員孝儀。

中常會人事調整

革命實踐研究院副主任　　吳俊才
中央委員會副秘書長　　　梁孝煌　馬英九
秘書處主任　　　　　　　許大路
組織工作會主任　　　　　宋時選
海外工作會主任　　　　　鄭心雄
社會工作會主任　　　　　郭　哲
青年工作會主任　　　　　高銘輝
政策委員會副秘書長　　　朱士烈　黃光平　蕭天讚
臺灣省委員會主任委員　　關　中
臺北市委員會主任委員　　陳金讓

6 月 21 日　星期四
上午
九時十三分，在府見李副總統。
九時四十六分，見沈秘書長昌煥。
十時三十一分，見馬參軍長安瀾。
十時四十五分，見秦主任委員孝儀。
十一時十二分，見張副秘書長祖詒。

下午

四時，在府見新任中央黨部副秘書長馬英九。

四時三十二分，見新任國防部聯訓部主任蔣緯國。

五時〇一分，見郝總長柏村。

五時二十四分，見蔣秘書長彥士。

6月22日　星期五

總統因對日昨海山煤礦之災變，極為痛心與關切，曾於今日約見俞院長國華，面詢搶救與善後詳情；並指示應盡一切力量進行現場搶救，以及對罹難或受傷礦工之撫卹與慰問等事項，均須作妥善而適切之處理。

6月23日　星期六

今為陳資政立夫之岳母翁太夫人百齡壽辰，總統特頒「上壽景福」壽屏，以申賀忱。

上午

八時三十七分，至三軍總醫院探視戰略顧問薛岳、黃杰兩上將，詢問病況及治療情形，並囑咐醫護人員要加意照顧，然後離去。

九時〇五分，在府見國防部總政戰部許主任歷農。

九時二十五分，見警備總部陳總司令守山。

九時五十三分，見沈秘書長昌煥。

十時二十一分，見郝總長柏村。

十時三十二分，見汪秘書長道淵。

十時四十四分，見蔣秘書長彥士。

下午

四時，在大直寓所見俞院長國華。

6 月 24 日　星期日
下午

三時四十九分，在大直寓所見沈秘書長昌煥。

6 月 25 日　星期一
上午

九時三十分，至圓山飯店理髮。

十時十二分，至榮民總醫院探望孫資政運璿。

十時五十五分，在府見汪秘書長道淵。

十一時二十一分，見李副總統。

十一時四十六分，親蒞沈秘書長辦公室。

下午

三時四十三分，在府見許主任歷農。

四時，見蔣秘書長彥士。

四時三十六分，見汪秘書長道淵。

四時五十四分，見沈秘書長昌煥。

6 月 26 日　星期二
上午

八時四十六分，在府見沈秘書長昌煥。

八時五十九分，約見青年黨主席李璜先生，曾與其就當
前國際情勢及國家建設等事項，交換意見。

今日發布明令：敦聘李璜先生為總統府資政。

九時三十六分，見三軍大學陸軍指揮參謀學院院長程邦
治中將（已發表為馬祖防衛司令官）。

九時四十九分，見郝總長柏村。

九時五十六分，主持軍事會報。

十一時十三分，見俞院長國華。

6月27日　星期三

上午

八時三十分，在中央黨部見蔣秘書長彥士。

八時四十一分，見中央社會工作會郭主任哲。

八時四十五分，見臺灣省政府邱主席創煥。

九時，主持中常會。

九時四十五分，見中央日報曹董事長聖芬。

6月28日　星期四

【無記載】

6月29日　星期五

下午

三時五十四分，在府見沈秘書長昌煥。

四時五十一分，見張副秘書長祖詒。

6月30日　星期六

下午

四時，在大直寓所見俞院長國華。

7月1日　星期日

下午

三時二十五分，在大直寓所見郝總長柏村。

六時〇四分，見秦主任委員孝儀。

7月2日　星期一

下午

三時三十五分，至圓山飯店理髮。

四時二十三分，在府見沈秘書長昌煥。

四時四十五分，見李副總統。

五時十二分，見宋部長長志。

五時十九分，見聯勤溫總司令哈熊。

六時〇三分，返大直寓所。

六時五十六分，見俞院長國華。

7月3日　星期二

上午

六時三十分，在大直寓所見秦主任委員孝儀。

下午

三時二十七分，在府見沈秘書長昌煥。

三時五十七分，見亞東關係協會馬代表樹禮。

四時三十二分，見宋部長長志。

四時五十二分，見國家安全會議汪秘書長道淵。

五時〇七分，見李副總統。

五時三十五分，見蔣秘書長彥士。

7月4日　星期三
上午

八時二十八分，在中央黨部見蔣秘書長彥士。

八時三十六分，同時見蔣秘書長彥士及臺灣省政府邱主席創煥。

九時，主持中常會。

九時二十八分起，分別見俞院長國華、李政務委員國鼎、臺灣省黨部關主任委員中。

十時二十四分起，在府分別見郝總長柏村、朱部長撫松、國防部總政戰部許主任歷農。

下午

三時四十一分起，在府分別見沈秘書長昌煥、新任陸軍第十軍團趙司令萬富、憲兵司令部卸任司令劉馨敵及新任司令柏隆鑌、安全局汪局長敬煦、教育部李部長煥。

7月5日　星期四
下午

四時○二分，在府見李副總統。

四時三十三分，見沈秘書長昌煥。

四時五十四分，見郝總長柏村。

五時十三分，見秦主任委員孝儀。

7月6日　星期五
下午

三時四十三分，見國家安全局周副局長菊村。

四時○二分起,分別見新任警政署署長羅張、情報局局長汪希苓、新任法務部調查局局長翁文雄、新任警備副總司令陳連生、新任海軍艦隊司令歐陽位、新任海總政戰部主任汪元任、新任陸軍飛彈指揮官朱健冠等。

四時五十九分,見沈秘書長昌煥。

7月7日　星期六

上午

七時四十五分,在大直寓所見秦主任委員孝儀。

下午

三時五十七分,在大直寓所見俞院長國華。

7月8日　星期日

下午

三時○五分,在大直寓所見國防部聯合作戰訓練部蔣主任緯國。

四時四十九分,見蔣秘書長彥士。

六時○六分,見沈秘書長昌煥。

7月9日　星期一

上午

九時三十三分,至圓山飯店理髮。

十時十六分,在府見汪局長敬煦。

十時四十八分,見秦主任委員孝儀及周主任應龍。

7月10日　星期二
上午

九時五十六分，在府主持軍事會談。

下午

三時四十六分，在府見沈秘書長昌煥。

三時五十七分，接見美國國會議員訪華團漢莫史密特、赫巴德、柴比和里賓斯基等四位眾議員。

四時三十分，即將卸任離華之瓜地馬拉駐華大使羅培士，來府晉見總統辭行和致敬。

四時三十八分，見沈秘書長昌煥。

四時四十六分，見張副秘書長祖詒。

本日下午獲悉瑞芳地區煤山煤礦發生災變之後，極為關心，特以電話向俞院長查詢實際情形。並於聽取俞院長報告後，即囑其轉知各有關單位，要盡最大努力設法搶救。

7月11日　星期三
上午

八時二十三分，在中央黨部見邱主席創煥。

八時三十九分，見蔣秘書長彥士。

八時五十八分，主持中常會。指定邱主席創煥對於瑞芳煤山煤礦災變情形和搶救工作提出報告後，並沉痛指示，應迅即採取措施，搶救礦工，撫慰眷屬；尤其要澈查災變原因，嚴懲失職人員；並以此類事件為教訓，提

高警覺，努力防範，以確保民眾的安全與福祉。

十時〇六分，見俞院長國華。

下午

四時〇六分，在大直寓所見秦主任委員孝儀。

煤礦災變講話

臺北縣海山煤礦的災變發生才不過三週，七十多名礦工死亡，餘痛在心，迴蕩不已，而昨天下午又發生了瑞芳煤山煤礦的災變，一百二十多名礦工，被困礦坑，生死不明，實在咎痛不已。

政府和黨對於民眾的一切作為，以維護生命安全為第一，現在除了對於被困的礦工，要盡一切力量搶救之外，希望從政主管同志對於所有礦場，必須迅即建立全面的安全責任制度，並且督責礦場負責人共同作業，不僅以安全檢查為已足，而煤礦災變何以一再發生，尤其要徹查其原因和責任，從嚴議處。至於煤業政策，亦須從速檢討、妥善修訂。

最近還有許多影響社會安定和民眾安全的事件發生，有關工作人員已經提高警覺，努力防範和遏止，希望本黨同志都能共同注意，全面協助，來維護民眾的安全和福祉。

7月12日　星期四

下午

三時三十六分，至榮民總醫院探視孫資政運璿。

四時十八分，在府見沈秘書長昌煥。

四時四十五分，見郝總長柏村。

五時十四分，見許主任歷農。

7月13日　星期五

下午

四時二十分，在大直寓所見宋局長楚瑜。

7月14日　星期六

美國加州聖荷西市中國文化公園，新建中山紀念堂、中正紀念亭，將於十五日舉行落成典禮。總統特於今日去電祝賀；認為中美兩國間文化交流與固有睦誼，亦必因此而更為增進。

下午

三時三十五分，在大直寓所見俞院長國華。

五時〇二分，見蔣秘書長彥士。

八時四十分，見秦主任委員孝儀。

致聖荷西市長麥克恩尼賀電

貴市接受中華民國孔孟學會美國加州聖荷西市中國文化公園協建委員會發起捐獻在該公園內興建中山紀念堂暨中正紀念亭，本人致為感佩。深信此舉將有助於加強美國人民認識我國父孫中山先生與先總統蔣公對中國的豐功偉績，及為爭取人類自由、維護世界和平所作之偉大貢獻。中美兩國間文化交流與固有睦誼，亦必因此

而更為增進。欣逢中山紀念堂暨中正紀念亭舉行落成典禮，敬申誠摯賀忱，並祝大典圓滿成功。

7 月 15 日　星期日
下午

三時四十分，在大直寓所見沈秘書長昌煥。

五時二十五分，見郝總長柏村。

7 月 16 日　星期一
下午

五時十分，在大直寓所見秦主任委員孝儀。

七時，見國防部聯訓部蔣主任緯國。

八時二十五分，見秦主任委員孝儀。

7 月 17 日　星期二
下午

二時五十九分，至圓山飯店理髮。

三時四十分，在府見張副秘書長祖詒。

四時〇五分，見汪秘書長道淵。

四時十七分，見李副總統。

四時三十六分，見沈秘書長昌煥。

五時，見秦主任委員孝儀。

7 月 18 日　星期三
上午

八時四十分，在中央黨部見蔣秘書長彥士。

九時，主持中常會。

九時三十九分，見宋部長長志。

十時十二分，見臺灣省黨部關主任委員中。

十時四十三分，見蔣秘書長彥士。

下午

三時○九分，見汪秘書長道淵。

三時三十四分，見宋部長長志。

四時○七分，見沈秘書長昌煥。

四時三十一分，見秦主任委員孝儀。

五時五十九分，見郝總長柏村。

7月19日　星期四

下午

三時五十八分，在大直寓所以茶會款待美國在臺協會臺
北辦事處新任處長宋賀德及副處長騰祖龍。

四時二十八分，見沈秘書長昌煥。

五時四十五分，見秦主任委員孝儀。

7月20日　星期五

下午

三時十四分，在府見汪秘書長道淵。

三時三十六分，見沈秘書長昌煥及宋部長長志。

四時，接見美國國會議員訪華團鄧肯、白德翰、克瑞
默、羅墨、卜利里、樓爾瑞等六位眾議員。

四時二十八分，接見美國前眾議員周以德先生。

五時，接見南非共和國財政部部長霍伍德及該部執行長
德魯爾等二人。

7 月 21 日　星期六
上午
九時二十八分，在府見李副總統。
十時，接見駕駛「華僑精神號」飛機返國之旅美華僑蔡
雲輔，接受其所呈獻之座機模型，並與其親切交談。總
統對蔡君在完成橫越太平洋之壯舉中，所表現的愛國熱
忱與勇毅精神，曾一再加以讚揚，並表示欣慰。總統還
贈送蔡君中華民國建國七十年紀念金幣，作為紀念。
十時十五分，見沈秘書長昌煥。
十時三十二分，見郝總長柏村。
十時五十四分，見張副秘書長祖詒。

下午
四時，在大直寓所見俞院長國華。
五時二十四分，見秦主任委員孝儀。

7 月 22 日　星期日
旅美蒙胞臺北俱樂部，今日在美國新澤西州舉行會員大
會，總統特頒書面賀詞，期勉旅美全體蒙胞，同心同
德，支持政府，早日完成以三民主義統一中國之神聖
使命。

下午

四時，在大直寓所見沈秘書長昌煥。

五時二十分，見蔣秘書長彥士。

旅美蒙胞臺北俱樂部會員大會書面賀詞

　　旅美蒙古同胞，為反對馬列共產主義，離鄉背井，
分由蒙古各地前來美國定居，經國無時不寄予由衷的關
切。而諸君身在海外，心繫宗邦；支持政府反共復國運
動，不遺餘力，此種忠愛邦國之表現，良堪嘉慰。

　　盱衡目前局勢雖仍動盪不安，但自由民主必定戰勝
極權暴政之理已甚為明顯；中華民國在復興基地政治民
主、經濟繁榮、社會安定、民生均富，乃係實行三民主
義之具體成果；而中共竊據下的大陸，強調階級仇恨，
奉行馬、列主義暴政之結果，造成政治腐敗，民生凋
敝，社會不安，科技落後；海峽兩岸之對比，已是舉世
共睹之事實。深盼我旅美全體蒙胞，同心同德，一本初
衷，繼續支持政府，早日完成以三民主義統一中國之神
聖使命。欣逢盛會，特此致賀，並祝大會圓滿成功。

7月23日　星期一

上午

八時四十七分，至圓山飯店理髮。

九時四十五分，在府見李副總統。

十時，接見巴拿馬共和國總統當選人阿狄鐸・巴雷達以
及該國第二副總統當選人艾斯吉維等二人。就中巴關係
作廣泛而親切的交談。

十時二十六分，接見日本產經新聞社社長鹿內信隆。

十一時十二分，見蔣秘書長彥士。

7 月 24 日　星期二

上午

十時，在府主持軍事會談。

十一時二十七分，見俞院長國華。

下午

四時十五分，在大直寓所見秦主任委員孝儀。

7 月 25 日　星期三

上午

八時二十分，在中央黨部見蔣秘書長彥士。

九時，主持中常會。於聽取政策會協調立委同志於立法院第七十三會期貫徹中央決策，完成各類重要議案情形的報告之後，曾發表談話，讚許勞動基準法的立法和實施，不僅是顯示中國國民黨維護勞工權益政策的決心，尤其是顯示出三民主義政治平等、經濟平等的精神。

十時十九分，見政策會朱副秘書長士烈及黃副秘書長光平。

十時二十九分，見臺北市黨部陳主任委員金讓。

十時四十五分，召見高雄市市長許水德、議長陳田錨和市黨部主委吳挽瀾等，聽取高雄市政建設報告，並指示彼等，對於市民生活的改善，為民服務的工作和市政建設的整體作為，要不斷研究，更加策進。

十一時〇五分，見秦主任委員孝儀。

十一時十四分，見蔣秘書長彥士。

下午

四時四十七分，在府見沈秘書長昌煥。

五時二十三分，見汪秘書長道淵。

五時四十三分，見宋部長長志。

中常會講話

　　立法院在第七十三會期通過了不少重要法案，其中勞動基準法為最重要法案之一，這一項重要立法案件，是針對國家發展現況，兼顧勞資雙方整體利益，經過相當長久的時間，綜合各方的意見，審慎研討，斟酌損益而後通過，全體立法委員共抒智慧精誠的賢勞，深值欽佩。

　　人人都了解，本黨是真正一心一意為民做事、為民造福的政黨，一切政策作為，都是將全民利益放在第一位，所以對於經濟發展和社會建設，重視勞工權益的保障並兼顧勞資雙方的福利，使能團結和諧，促使社會的繁榮進步，全民生活品質的不斷進步提升。

　　本法案通過之後，希望從政同志和從業同志，體認勞資雙方情感交流與合作無間的重要，使雙方在情、理、法都能兼籌並顧的基礎之上，互信互助互諒，共策前進。

　　尤其重要的，就是勞動基準法的施行細則，和有關的附屬法規，要迅即制定實施，而且必須注意其前瞻性

和周延性，也就是要更進一步，依據當前國家發展的需要，作整體的考慮，使勞動基準法確能因應當前的情勢，提升經濟發展的層次，產生推動進步功能；另一方面，要從各個方面、各種狀況，詳慎的研究充實，儘量使其能周密明確。

勞動基準法的立法和實施，不僅是顯示本黨維護勞工權益政策的決心，尤其是顯示了三民主義政治平等、經濟平等的精神；因此，希望全黨同志本著這一作為和精神，來強化公權力量，消除特權觀念，重視公平原則，貫徹本黨民主憲政的要求。

7 月 26 日　星期四

上午

九時三十分，在大直寓所見秦主任委員孝儀。

下午

二時五十五分，在府見沈秘書長昌煥。

三時二十八分，見張副秘書長祖詒。

三時四十八分，見立法院倪院長文亞。

四時二十九分，見郝總長柏村。

四時四十九分，見教育部李部長煥。

九時二十五分，在大直寓所見秦主任委員孝儀。

7 月 27 日　星期五

上午

十時，在大直寓所見秦主任委員孝儀。

下午

一時十五分，在大直寓所見秦主任委員孝儀。

四時四十三分，在府見李副總統。

五時十九分，見沈秘書長昌煥。

7月28日　星期六

上午

十一時〇七分，在大直寓所見秦主任委員孝儀。

下午

一時四十九分，在大直寓所見秦主任委員孝儀。

三時三十八分，見組織工作會宋主任時選。

五時三十分，見蔣秘書長彥士。

八時，見秦主任委員孝儀。

7月29日　星期日

上午

十時〇二分，在大直寓所見秦主任委員孝儀。

下午

四時，在大直寓所見俞院長國華。

五時三十五分，見沈秘書長昌煥。

六時三十七分，見秦主任委員孝儀。

7月30日　星期一

今日明令：茲制定勞動基準法，公布之。

上午

十時十六分，在大直寓所見秦主任委員孝儀。

下午

四時〇三分，在大直寓所見郝總長柏村。

五時二十四分，見秦主任委員孝儀。

7 月 31 日　星期二

下午

四時二十三分，至圓山飯店理髮。

五時〇六分，在府見沈秘書長昌煥。

8月1日　星期三
上午
八時三十二分，在中央黨部見蔣秘書長彥士。

九時，主持中常會，聽取行政院衛生署長許子秋報告臺灣地區之醫療保健計畫後，特別指示，要更進一步加強對烏腳病和小兒麻痺症的醫療和保健工作。並且要加強研究撲滅蒼蠅和蚊子，以維護民眾的健康。

九時五十七分，見臺省府邱主席創煥。

十時，見秦主任委員孝儀。

下午
三時五十八分，在大直寓所見聯勤溫總司令哈熊。

六時〇四分，見秦主任委員孝儀。

8月2日　星期四
下午
二時五十分，在府見沈秘書長昌煥。

三時三十七分，見司法院黃院長少谷。

四時五十分，見張副秘書長祖詒。

五時〇五分，見沈秘書長昌煥。

8月3日　星期五
上午
九時十八分，在府見宋部長長志。

九時三十四分，見考試院劉院長季洪。

九時五十一分，新任國史館館長朱匯森、行政院政務委

員李國鼎、聯合勤務總司令溫哈熊、青年輔導會主任委員姚舜等，在府舉行宣誓，由總統親自主持監誓。

十時，見青年輔導會姚主任委員舜。

十時〇九分，見孔資政德成。

十時十五分，見林主任委員金生。

下午

四時二十六分，在大直寓所見行政院新聞局宋局長楚瑜。

五時五十六分，見蔣秘書長彥士。

8 月 4 日　星期六
下午

三時五十六分，在大直寓所見行政院俞院長國華。

8 月 5 日　星期日
下午

三時二十五分，在大直寓所見沈秘書長昌煥。

四時三十五分，見蔣秘書長彥士。

五時四十分，見秦主任委員孝儀。

8 月 6 日　星期一
下午

三時十分，至圓山飯店理髮。

三時五十八分，在府見總政戰部許主任歷農。

四時十六分，見汪秘書長道淵。

四時三十五分，見沈秘書長昌煥。

四時五十三分，同時見沈、汪兩位秘書長。

五時十六分，見宋部長長志。

8月7日　星期二

上午

九時四十八分，在府見張副秘書長祖詒。

九時五十七分，主持軍事會談。

下午

五時五十分，在大直寓所見蔣秘書長彥士。

8月8日　星期三

上午

八時三十一分，在中央黨部見蔣秘書長彥士。

八時三十七分，見文工會周主任應龍。

九時，主持中常會。通過主席提議，以孔德成為考試院
院長、林金生為副院長及于惠中等十九位為考試委員。
此外，並通過主席交議，以周應龍繼任考核紀律委員會
主任委員，宋楚瑜繼任文化工作會主任。

九時五十九分，見宋部長長志。

十時十分，見臺省府邱主席創煥。

下午

四時二十一分，在大直寓所見秦主任委員孝儀。

中常會提議全文

　　茲據考試院劉院長季洪同志及張副院長宗良同志函以第六屆考試院院長、副院長之任期即將屆滿,請另遴繼任人選,情詞懇摯,經再三衡酌,勉予同意,並擬以孔德成先生為第七屆考試院院長,林金生同志為副院長。

　　中常會昨天並通過主席提議,第七屆考試委員名單,遴選于惠中、王文、王作榮、王執明、王華中、李世勳、李崇道、侯健、姚蒸民、徐佳士、耿雲卿、陳水逢、張維一、馮信孚、傅肅良、曾霽虹、賈馥茗、盧衍祺、譚天錫等十九人,其中李崇道、王執明、盧衍祺三人為非國民黨籍。

8月9日　星期四

下午

三時三十分,在大直寓所見秦主任委員孝儀。

8月10日　星期五

上午

八時四十分,在府見李副總統。

九時〇四分,見宋部長長志。

九時二十五分,見沈秘書長昌煥。

十時,見張副秘書長祖詒。

下午

二時五十六分,在府見郝總長柏村。

三時三十分，見政治大學外交研究所所長邵玉銘。

三時四十九分，見許主任歷農。

四時〇九分，見張副秘書長祖詒。

四時二十分，見立法院倪院長文亞。

四時五十二分，見蔣秘書長彥士。

8月11日　星期六
下午

三時三十四分，在大直寓所見俞院長國華。

8月12日　星期日
下午

三時二十七分，在大直寓所見沈秘書長昌煥。

六時十七分，見新聞局宋局長楚瑜。

八時二十五分，見中央組工會宋主任時選。

8月13日　星期一
上午

八時四十二分，至圓山飯店理髮。

九時二十四分，至榮民總醫院探視孫資政運璿。

十時〇五分，在府見郝總長柏村。

十時三十四分，見宋部長長志。

十時五十二分，見李副總統。

十一時十八分，巡視府內大禮堂。（察看有關十五日約
見我國奧運代表團之佈置情形。）

下午

三時五十八分，在府見汪秘書長道淵。

四時三十一分，見張副秘書長祖詒。

五時十六分，見沈秘書長昌煥。

8 月 14 日　星期二

今日致電韓國全大統領斗煥，為韓國政府於本月十三日釋放卓長仁等六義士返國，表示謝意。

上午

九時五十五分，在府接見甫自韓國輾轉歸來之卓長仁、王艷大、姜洪軍、安偉建、吳雲飛、高東萍等六義士，慈祥親切的聽取他們陳述投奔自由之經過，並盛讚其堅毅剛強，為決心唾棄共產暴政所作之英勇壯舉；也為他們雖經曲折歷程而終於如願歸來，表示欣慰。

十時五十九分，見政治大學國際關係研究中心張主任京育。

十一時〇九分，見沈秘書長昌煥。

下午

五時〇八分，在大直寓所見秦主任委員孝儀。

8 月 15 日　星期三

上午

八時二十八分，在中央黨部見臺省府邱主席創煥。

九時，主持中常會。

九時四十二分，主持會談。參與者有嚴前總統、俞院長
國華、黃院長少谷、袁常委守謙、沈秘書長昌煥、蔣秘
書長彥士、汪秘書長道淵。

九時五十五分，見嚴前總統。

十時〇七分，見蔣秘書長彥士。

下午

四時二十五分，在府見張副秘書長祖詒。

四時五十七分，接見日昨自美返國之中華奧運代表團全
體團員，對選手們參加奧運全力競技，深致慰問；並期
望有關方面，要有計畫的推展全民體育，使我們優秀青
年能爭取更高的榮譽。

接見奧運代表團致詞全文

今天經國以十分欣悅的心情，歡迎中華民國參加第
二十三屆奧運會的代表團載譽歸來。尤其看到各位個個
精神飽滿、意氣昂揚，充分顯露出你們樂觀奮發的熱情
和活力，格外覺得高興。

我知道，這次代表團的參加奧運，有著一段艱辛曲
折的歷程，唯其如此，才表現出中華民國真正發揚了為
體育而體育的奧運精神。而各位無論在會議席上或在競
技場上，為堅持公理，作不撓不撓的奮鬥，實踐了正義
的原則，維護了國家的尊嚴，我為各位的剛毅和英勇感
到驕傲。

聽剛才的報告，我們參加這次奧運，出賽的項目和
人數雖不很多，但在舉重和棒球表演賽中，獲得了銅

牌,並且有十四項十一人打破全國紀錄,有七項九人超越亞運紀錄,證明各位都已盡了全力。特別是各位在各個場合,都能遵守規則,注重禮貌,保持紀律,勝不驕,敗不餒,處處表現了高度的運動家精神,也展示了中華民國國民良好的風範,贏得了讚譽和友誼,更為國家帶來了光榮,可以說你們已經達到了參加奧運的目的,經國要向你們表示誠摯的慰勉。

當然,純就參與國際體育競技的條件和水準來說,我們還有很長的距離要去追趕,有很多的地方尚待努力求進。因之,經國同時深望有關方面要有計畫、有目標的來推展全民體育,使我們的優秀青年,都能龍騰虎躍,讓中華民國的健兒,多與世界體育精英,並顯身手。相信只要我們鍥而不捨,邁向標竿,必能爭取更高的榮譽,使青天白日閃耀出更大的光輝。

各位這次都辛苦了!願大家好好休息,身體健康,萬事如意!也願全國的青年朋友們,自強不息,向勝利成功之路前進!謝謝大家!

8月16日　星期四
下午
三時四十五分,在大直寓所見蔣秘書長彥士。
五時二十五分,見秦主任委員孝儀。

8月17日　星期五
今日明令發布新、舊任考試院院長、副院長及考試委員之任免案。

下午

三時四十二分，在府見沈秘書長昌煥。

四時二十九分，見憲兵司令部柏司令隆鑣。

四時四十五分，見李副總統。

五時〇二分，見張副秘書長祖詒。

總統令　七十三年八月十七日

第六屆考試院院長劉季洪、副院長張宗良，任期屆
滿，均應予免職。

特任孔德成為第七屆考試院院長，林金生為副
院長。

總統令　七十三年八月十七日

第六屆考試院考試委員張光亞、丁中江、黃棟培、
賈馥茗、成惕軒、盧衍祺、金祖年、張則堯、侯暢、王
德馨、周恆、李世勳、傅肅良、楊必立、劉象山、賴順
生、康代光，任期屆滿，均應予免職。

特任李崇道、王作榮、徐佳士、侯健、于惠中、王
執明、耿雲卿、曾霽虹、馮信孚、盧衍祺、譚天錫、王
文、李世勳、陳水逢、賈馥茗、王華中、姚蒸民、傅肅
良、張維一為第七屆考試院考試委員。

8月18日　星期六

下午

四時十七分，在大直寓所見俞院長國華。

8月19日 星期日

今日獲知我中華青棒代表隊在美國勞德岱堡衛冕世界青棒賽成功後，特去電致賀。

上午

十時〇七分，在大直寓所見秦主任委員孝儀。

下午

三時二十七分，在大直寓所見沈秘書長昌煥。

五時〇八分，見郝總長柏村。

致中華青棒代表隊賀電

北美事務協調委員會駐亞特蘭大辦事處轉中華青棒隊全體隊職員們：

你們的努力奮戰，獲得光榮衛冕成功，表現了勇毅進取的精神，揚譽海外，至感欣慰，特電致賀。

8月20日 星期一

上午

八時四十四分，至圓山飯店理髮。

九時二十八分，在府見宋部長長志。

九時五十三分，見李副總統。

十時十六分，見秦主任委員孝儀。

8月21日　星期二

上午

九時二十分，在府見汪秘書長道淵。

九時三十九分，見警總陳總司令守山。

十時，主持軍事會談。

十一時〇五分，見俞院長國華。

8月22日　星期三

上午

八時二十五分，在中央黨部見蔣秘書長彥士。

九時，主持中常會，聽取有關監察院於本月十六日對第七屆考試院院長、副院長及考試委員等提名人選均獲高票當選後，深感欣慰。並期勉考試院今後要從儲備人才、培育人才方面多下工夫，使政府部門不斷增添新血，為國家厚植國力。

此外，會中通過內定張京育出長新聞局、歐鴻鍊出使尼加拉瓜以及劉兆玄為國科會副主任委員。

九時五十分，見高戰略顧問魁元。

九時五十七分，見秦主任委員孝儀。

下午

三時四十五分，在府見沈秘書長昌煥。

三時五十八分，接見聯邦眾議員訪華團威廉斯、佛蘭克、佛里艾達及馬蒂尼茲等四位眾議員。

四時三十五分，見何國策顧問世禮。

五時〇四分，見沈秘書長昌煥。

8 月 23 日　星期四
上午
十一時二十八分，在大直寓所見前民航局長毛瀛初。

下午
三時五十分，在府見張副秘書長祖詒。
四時三十五分，見李副總統。
五時十分，見沈秘書長昌煥。

8 月 24 日　星期五
下午
三時五十二分，在大直寓所見新任中央文工會主任宋
楚瑜。

8 月 25 日　星期六
今日總統明令：特任王曾才為考試院秘書長。

上午
八時五十五分起，先後見本府第一局劉局長垕、第二局
孟局長憲庭、第三局陳局長履元。
九時三十六分，見行政院人事行政局陳局長桂華。
九時五十九分，見臺灣大學孫校長震。
十時三十三分，見宋部長長志。
十時四十七分，見蔣秘書長彥士。
十一時〇五分，見郝總長柏村。
十一時十二分，見沈秘書長昌煥。

下午

三時二十八分，在大直寓所見俞院長國華。

八時十九分，見中央組工會宋主任時選。

8月26日　星期日
下午

三時五十二分，在大直寓所見蔣秘書長彥士。

8月27日　星期一
下午

三時五十分，至圓山飯店理髮。

四時三十六分，在府見沈秘書長昌煥。

四時五十六分，見李副總統。

8月28日　星期二
下午

三時三十分，在府見許主任歷農。

三時五十四分，見沈秘書長昌煥。

四時，接見巴拿馬第一副總統當選人德華耶及該國共和黨第一副主席卡德納。

四時二十分，見沈秘書長昌煥。

四時二十六分，接見美國聯邦眾議員彭納及桑魁士等二人。

五時二十三分，見郝總長柏村。

8 月 29 日　星期三

上午

八時三十六分，在中央黨部見蔣秘書長彥士。

九時，主持中常會，通過內定瞿韶華繼任考選部部長、陳桂華繼任銓敘部部長，以及內定現任駐多明尼加大使及兼任駐聖文森國特命全權大使王孟顯，兼駐多米尼克、聖克里斯多福及聖露西亞三國特命全權大使。

九時四十二分，見司法院黃院長少谷。

十時十分，見臺省府邱主席創煥。

下午

四時二十五分，在府見汪秘書長道淵。

四時四十八分，見張副秘書長祖詒。

五時二十分，見郝總長柏村。

今日總統明令：特任瞿韶華為考選部部長，陳桂華為銓敘部部長。

8 月 30 日　星期四

下午

三時五十四分，在府見汪秘書長道淵。

四時〇六分，見秦主任委員孝儀。

四時二十七分，見聯勤溫總司令哈熊。

四時五十六分，見沈秘書長昌煥。

五時十六分，見李副總統。

8月31日　星期五

今日總統明令發布王孟顯大使三項任命。

下午

四時，在府見沈秘書長昌煥。

四時四十八分，見汪秘書長道淵。

9月1日　星期六
上午

九時四十分，在府見宋部長長志。

九時五十六分，新任考試院院長等二十七人宣誓儀式在府舉行，總統親臨主持並監誓。

十時〇五分，見行政院顧問邵恩新。

十時二十六分，接見美國聯邦眾議員丹頓夫婦。

十時五十八分，見沈秘書長昌煥。

十一時十四分，見郝總長柏村。

下午

三時三十分，在大直寓所見俞院長國華。

9月2日　星期日
下午

三時，在大直寓所見蔣秘書長彥士。

四時四十二分，見秦主任委員孝儀。

9月3日　星期一　「九三」軍人節

特以書面訓詞，期勉國軍官兵更努力、更奮發、更精進，把戰力再提高，把國力再加強，將三民主義早日施行於全國，讓大陸同胞也像我們一樣，共享自由、平等、富足的生活。

下午

三時二十三分，至圓山飯店理髮。

四時二十分，在府見警總陳總司令守山。

四時四十九分，見李副總統。

五時〇七分，見秦主任委員孝儀。

五時十九分，見沈秘書長昌煥。

九三軍人節書面訓詞

宋部長、郝總長轉達全體接受表揚的各位英雄、楷模及敬軍模範：

今年的「九三」對日抗戰勝利紀念日，正好是第三十屆軍人節，經國在此特向忙於戰備訓練的三軍袍澤賀節，並向榮獲表揚的各位同志和各位先生表示祝賀之意。

我們國軍的戰力，繼續不斷在提高與強化，這可以從漢光演習和體能戰技運動大會中看到，也可以從各級部隊平時的教育訓練中看到，這證明全軍袍澤都是在淬礪奮發，精進不懈，是值得欣慰與嘉勉的。特別是接受表揚的一百六十一位英雄、楷模及敬軍模範，在提高國軍戰力與強化軍民關係上，都有非常大的貢獻，更是值得敬佩與嘉勉。

今年又是領袖蔣公奉國父之命在廣州黃埔創校建軍的六十週年，六十年來，千百萬的志士豪傑，千百萬的將帥士兵，在「犧牲、團結、負責」的黃埔精神導引下，為國家的尊嚴和民眾的福祉而奉獻一切，深深值得我們讚許與效法。因此，今後如何使這種精神再昇華，再擴大，是我們每一位國軍官兵所共信共守的責任。

各位同志，多年來我們在復興基地實行三民主義的

成果，人人豐衣足食，安和樂利，軍民一體，充滿希
望；而大陸同胞在共產主義暴政的統治之下，人人生活
困難，貧窮落後，矛盾猜忌，前途茫茫，這就是三民主
義與共產制度的最大不同處。我們在欣慶自由歡樂的時
候，千萬不要忘了，大陸同胞的苦難，正日深一日，因
此，我們要更努力、更奮發、更精進，把戰力再提高，
把國力再加強，將三民主義早日施行於全國，讓大陸同
胞也像我們一樣，共享自由、平等、富足的新生活。祝
大家精神愉快，身體健康，反共大業勝利成功！

9 月 4 日　星期二

上午

九時二十分，在府見金門防衛部司令官宋心濂。

九時五十四分起，先後見陸軍蔣總司令仲苓、海軍劉總
司令和謙、空軍郭總司令汝霖、聯勤溫總司令哈熊。

十一時四十六分，見沈秘書長昌煥。

9 月 5 日　星期三

上午

八時三十七分，在中央黨部見蔣秘書長彥士及陳副秘書
長水逢。

九時，主持中常會。

十時十九分，見嚴前總統。

十時四十四分，見俞院長國華。

十時四十九分，見中央評議委員方治先生。

十時五十七分，見吳立法委員延環。

9月6日　星期四

中國青年黨主席陳啟天之喪，今公祭。總統特頒「嘉猷碩望」輓額，以悼忠藎。

今日獲悉，南非共和國現任總理波塔當選為該國新任總統，特致電申賀。

上午

十時，多明尼加新任駐華大使貝格羅來府晉見總統，呈遞到任國書。

十時十九分，見沈秘書長昌煥。

下午

四時五十二分，在大直寓所見秦主任委員孝儀。

9月7日　星期五

下午

三時〇五分，在府見張副秘書長祖詒。

三時三十八分，見郝總長柏村。

四時〇一分，見汪秘書長道淵。

四時十九分，見沈秘書長昌煥。

9月8日　星期六

下午

三時二十三分，在大直寓所見蔣秘書長彥士。

四時五十分，見中央文工會宋主任楚瑜。

9月9日　星期日

今為中秋佳節前夕，特派李副總統專程前往馬祖，代表總統向戰地全體軍民賀節，並轉達關懷慰問的心意。

上午

九時三十七分，至圓山飯店理髮。

十時二十分，探訪孫資政運璿於其寓所。

下午

二時三十三分，在大直寓所見秦主任委員孝儀。

三時二十九分，見俞院長國華。

9月10日　星期一　中秋節

下午

三時二十三分，在大直寓所見沈秘書長昌煥。

四時四十七分，見秦主任委員孝儀。

五時五十八分，至士林官邸，與家人作秋節宴聚，參與者尚有總統夫人、蔣主任緯國先生、公子孝文、孝武、孝勇暨其夫人及孫男女公子等。

9月11日　星期二

上午

八時五十五分，在府見李副總統。

九時二十六分，見汪秘書長道淵。

九時四十六分起，分別見宋部長長志、林評議委員則彬、張局長京育、鄭主任委員為元、駐韓薛大使毓麒、

榮工處嚴處長孝章、新任陸軍武官章以明、考選部傅次
長宗懋、新任國際關係研究中心主任邵玉銘等人。

9月12日　星期三
上午

八時三十三分，在中央黨部見蔣秘書長彥士。

九時，主持中常會。會後，同時見嚴前總統家淦、李
副總統登輝、俞院長國華、沈秘書長昌煥、蔣秘書長
彥士。

十時四十五分，見青年工作會高主任銘輝。

下午

四時〇六分，在府見郝總長柏村。

四時三十一分，見蔣主任緯國。

四時四十二分，見張副秘書長祖詒。

五時〇九分，見沈秘書長昌煥。

五時三十二分，見李部長煥。

9月13日　星期四
南非共和國總統當選人波塔將於明天就職，總統特去電
申賀。

9月14日　星期五
下午

五時五十三分，至榮民總醫院牙科及眼科作檢查。

9 月 15 日　星期六

上午

九時五十二分，在府見人事處王處長堃和。

十時〇五分，見張副秘書長祖詒。

十時五十分，見宋部長長志。

十一時〇三分，見沈秘書長昌煥。

下午

二時五十七分，在大直寓所見俞院長國華。

今日發布明令：特任王友釗為行政院農業委員會主任委員。

今為哥斯大黎加、薩爾瓦多、瓜地馬拉、宏都拉斯及尼加拉瓜等五國國慶日，總統特分別去電申賀。

9 月 16 日　星期日

【無記載】

9 月 17 日　星期一

亞洲太平洋國會議員聯合會第二十屆大會，今日在漢城舉行開幕典禮，總統特致書面賀詞，呼籲此一地區自由國家國會、政府與人民，在共同理想下密切合作，以謀亞太動亂危機的消除。

下午

四時四十一分，至圓山飯店理髮。

五時二十分，在府見沈秘書長昌煥。

亞洲太平洋國會議員聯合會第二十屆大會
書面賀詞

　　亞洲太平洋國會議員聯合會於擴大組織規模之後，正秉持憲章精神，與蓬勃朝氣，向前邁進。今天欣逢貴會第二十屆大會在大韓民國舉行，各國國會碩彥，面對亞太地區自由、民主力量加速成長的新形勢，共謀此一地區安全、和平、繁榮之增進，其意義之重大，尤倍於往昔。

　　國際形勢演變至今日，亞太地區之治亂，已成為自由世界安危禍福之所繫。蘇俄之軍事擴張，中共之潛在威脅，不僅使亞太自由國家提高其反共警覺，抑且促使世界自由國家對亞太地區安全之維護，同感關切。此一形勢之轉變，亞太議聯之努力，實具有導引啟迪之貢獻。

　　目前我亞太自由國家共同迫切之要求，乃在於亞太動亂危機如何消除，蘇俄之侵略擴張如何遏止，中共之滲透顛覆如何杜絕，尤以新興國家之經濟如何開發，共同安全之體系如何建立等重大問題，均須此一地區自由國家國會、政府與人民在共同理想下密切合作，謀求迅速解決。

　　大韓民國為亞太議聯創始會員國之一，對於亞太議聯之發展，貢獻良多。本次大會能在漢城舉行，再度顯

示大韓民國捍衛自由之決心，尤足令人鼓舞。

　　本人深信與會人士必能共抒智慮，碩畫藎籌，使亞洲太平洋國會議員聯合會充分發揮領導功能，促進亞太自由國家之大結合，在維護亞太地區之安全、和平與繁榮之奮鬥中，作更積極之貢獻。特申誠摯賀忱，並祝大會圓滿成功！

9月18日　星期二
上午

九時三十八分，在府見宋部長長志。

十時，主持軍事會談。

十一時〇二分，見俞院長國華。

9月19日　星期三
上午

八時三十四分，在中央黨部見蔣秘書長彥士。

九時，主持中常會，通過：

卜達海任人事行政局局長。

葛錦昭、邱茂英分別接任農業委員會副主任委員。

王炳南出任中央財務委員會副主任委員。

十時五十分，見蔣秘書長彥士。

十時五十四分，見文化工作會宋主任楚瑜。

十一時〇二分，見秦主任委員孝儀。

下午

三時四十六分，在府見沈秘書長昌煥。

四時十九分，見汪秘書長道淵。

四時三十六分，見張副秘書長祖詒。

五時十分，見郝總長柏村。

9 月 20 日　星期四
今日明令任命卜達海、葛錦昭、邱茂英等新職。

下午
四時二十四分，在府見李副總統。

四時五十二分，見張副秘書長祖詒。

五時十九分，見宋部長長志。

9 月 21 日　星期五
上午
九時五十分，在府親自頒授總統府資政楊亮功一等卿雲
勳章，用酬耆英之懋績。

十時，見李副總統。

十時十四分，見沈秘書長昌煥。

下午
五時五十一分，至榮民總醫院牙科作檢查。

9 月 22 日　星期六
下午
三時二十八分，在大直寓所見俞院長國華。

五時十五分，見秦主任委員孝儀。

9 月 23 日　星期日
下午

六時三十分，與夫人至文錦山莊用餐，參加者尚有孫義宣夫婦、許學文夫婦、趙聚鈺夫人、蔣主任緯國、孝文先生夫婦及友梅小姐。

9 月 24 日　星期一
下午

二時五十三分，至圓山飯店理髮。

三時三十五分，在府見許主任歷農。

三時五十四分，接見美國共和黨全國委員會高級顧問理查‧艾倫。

四時四十九分，見沈秘書長昌煥。

9 月 25 日　星期二
下午

四時三十分，在府見李副總統。

五時○五分，見沈秘書長昌煥。

五時二十五分，見郝總長柏村。

六時○八分，見俞院長國華。

9 月 26 日　星期三
上午

八時二十一分，在中央黨部見蔣秘書長彥士。

八時四十八分，見臺灣省政府邱主席創煥。

九時，主持中常會。

九時四十二分起，分別見駐日馬代表樹禮、宋部長
長志、文化工作會宋主任楚瑜、中央黨部邵副秘書長
恩新。

下午
三時四十三分，在府見張副秘書長祖詒。
四時○七分，見警總陳總司令守山。
四時三十三分，見沈秘書長昌煥。
五時○四分，見李部長煥。

9月27日　星期四
下午
三時十七分，在府見張副秘書長祖詒。
三時四十二分，見國家安全局汪局長敬煦。
四時二十五分，巡視府內大禮堂。
四時三十二分，見即將離職之本府第三局局長陳履元。
四時四十分，見即將接任第三局局長之朱季昌。
四時四十四分，見秦主任委員孝儀。
五時十五分，見汪秘書長道淵。

9月28日　星期五
今日為教師節，特發表書面賀詞，勉勵全體教師們，以
「當仁不讓」、「舍我其誰」的精神，致力於國家建設
與社會改造最根本的育才工作，作學生青年和一般民眾
的先驅。

上午

十時，在府主持中樞大成至聖先師孔子誕辰紀念典禮。
由考試院院長孔德成以「儒學與中華民國的現代化」為
題提出報告。

十時二十二分，見孔院長德成。

十時三十一分，見沈秘書長昌煥。

十一時三十分，在大直寓所見宋主任楚瑜。

下午

五時〇一分，在大直寓所見蔣秘書長彥士。

教師節書面賀詞

俞院長、李部長、各位教師同仁：

今天是孔子誕辰紀念，也是七十三年的教師節。孔
子是承先啟後、繼往開來的聖哲，也是立己立人的教育
工作者。政府明定孔子誕辰為教師節，一方面是在紀念
偉大的至聖先師，一方面是要激勵全國教師們效法孔子
誨人不倦的精神，發揚光大。

中華文化以孔子學說為中心，數千年來，我中華民
族的子孫——尤其是知識分子，無不以孔子學說為立身
處世的準則，對於國家社會但求克盡職責，犧牲奉獻，
代代相傳，垂之久遠。各位秉持堅定不移的志節，為教
育下一代而夙夜辛勞，數十年如一日，便是這種精神的
最高表現。由於全體教師們的努力和貢獻，使我們的教
育工作在質和量兩方面都有長足的進步，為國家建設
奠定了深厚的基礎，經國特藉此機會表示誠摯的謝意

和敬意。

　　古人說，教師的任務有三：就是傳道、授業、解惑。我們現在要傳的道，是國家生存發展的大道，也就是承擔一貫中華文化道統的三民主義，要使國人都能認識中華文化的博大精深和三民主義的進步性與優越性。

　　其次是解惑，亦即除了授予課業與指導生活之外，要為學生剖析疑難，解答問題。由於當前眾說紛陳，價值觀念模糊，是非易被混淆，如何釐清是非黑白，使青年在思想上免於外來的污染，以堅定其對國家的信心，促進全民自強團結，也是教師們重要的任務。

　　先總統蔣公曾經指示：「我們要昌明教育，必先確立師資，而師資本身有了可遵之道，學生青年和一般民眾自然相觀而善。」今天我們國家民族正面臨興衰榮辱的強烈挑戰，希望全體教師們繼續發揮熱忱，以「當仁不讓」、「捨我其誰」的精神，致力於國家建設與社會改造最根本的育才工作，作學生青年和一般民眾的先驅，相信必能衝破難關，實現三民主義的理想，完成反共復國大業。

　　最後敬祝各位身體健康，佳節愉快。

9月29日　星期六

今日發布明令：特派宋長志為中華民國慶賀巴拿馬共和國總統就職典禮特使。

下午

三時五十九分，在大直寓所見俞院長國華。

9 月 30 日　星期日

下午

四時〇三分，在大直寓所見秦主任委員孝儀。

10月1日　星期一

下午

二時五十三分，至圓山飯店理髮。

三時四十分，在府見沈秘書長昌煥。

三時五十三分，接見來華訪問的英國籍中國科學研究大師李約瑟博士及其中國籍助理魯桂珍博士，讚揚他們為光大中華文化所作的貢獻。

四時二十四分，見中央文化工作會宋主任楚瑜。

四時四十五分，見宋部長長志。

四時五十七分，見張副秘書長祖詒。

10月2日　星期二

上午

九時十九分，在府見考試院王秘書長曾才。

九時三十七分，見國防部中山科學研究院政治作戰部主任詹啟春。

十時，主持軍事會談。

10月3日　星期三

上午

八時十九分，在中央黨部見蔣秘書長彥士。

八時三十三分，見中央秘書處許主任大路。

九時，主持中常會，在聽取文化工作會宋主任楚瑜同志、外交部朱部長撫松同志對於「香港前途問題研析」報告，及與會同志發表意見後，作成五項決議，表明執政黨支持政府歷次聲明，對英匪間所作任何關於「香港

前途的協議」絕不承認；並盡一切力量，為維護港九僑胞的安全與權益而奮鬥。

十一時〇四分，見俞院長國華。

中央常務委員會五項決議

一、英國與共匪草簽所謂關於「香港前途的協議」，完全抹煞港九同胞意願，置他們的自由、生命、財產於不顧。本黨支持政府歷次聲明，對英匪間所作任何「協議」，絕不承認。

二、中華民國的人民與港九同胞血肉相連，聲應氣求，自當堅強團結，並盡一切力量，為維護港九僑胞的安全與權益而奮鬥。

三、本黨堅決支持行政院從政主管同志於本年九月二十六日對港九僑胞所提的十一項具體措施，全力協助貫徹執行。

四、我們要向全世界揭發共匪利用香港問題對國際間及海外同胞所作統戰伎倆，並堅持我們一貫的嚴正立場，決不與共匪妥協。

五、今後有關香港的各項問題，希行政院從政主管同志參照本日與會同志所提報告及發言意見，速即研定各種因應措施展開行動，以粉碎共匪迫害港九僑胞的一切陰謀。

10 月 4 日　星期四
【無記載】

10月5日　星期五

上午

九時四十三分，在府見李副總統。

十時，巴拉圭共和國新任駐華大使蘇鐸，至府晉見總統，呈遞到任國書。

十時十六分，見華航烏董事長鉞。

十時三十五分，見沈秘書長昌煥。

十一時〇二分，見宋部長長志。

十一時十四分，見汪秘書長道淵。

十一時二十九分，見警總陳總司令守山。

下午

四時二十五分，在府見沈秘書長昌煥。

四時三十三分，見張副秘書長祖詒。

五時十二分，見沈秘書長昌煥。

10月6日　星期六

世界客屬第七次懇親大會將於八日於臺北舉行開幕典禮，總統今日特頒「敦宗睦族精誠團結」賀軸，預祝大會成功。今日並頒發賀詞給世界龍岡親義總會第七屆懇親代表大會，嘉勉他們增進宗親睦誼、協助國民外交的貢獻。

世界龍岡親義總會第七屆懇親代表大會賀詞

世界龍岡親義總會第七屆懇親代表大會全體代表公鑒：

　　貴會創建二十五年，會員遍布全球，以倡導忠、

義、仁、勇之精神，增進宗親睦誼，協助國民外交，貢
獻良多，至足欽佩。此次在國內召開第七屆懇親代表大
會，四海宗親歡敍一堂，共策會務之開展，尚冀奮勉自
強，益勵忠貞，以期早日達成以三民主義統一中國之使
命。特電致賀。並祝大會圓滿成功。

10 月 7 日　星期日
下午

二時五十六分，在大直寓所見秦主任委員孝儀。

四時○一分，見蔣秘書長彥士。

四時四十九分，見郝總長柏村。

10 月 8 日　星期一

今日亦即中華民國七十三年國慶日前夕，特發表「三民
主義統一中國必勝必成」一文，以勉國人。

下午

三時四十三分，至圓山飯店理髮。

四時四十六分，在府見國防部張副部長國英。

五時○三分，見沈秘書長昌煥。

五時二十八分，見郝總長柏村。

今日因關懷在臺南市舉辦的國際機器人大博覽會，特派
李副總統前往巡視，並慰勉大會工作人員。

三民主義統一中國必勝必成

中華民國基於三民主義，為民有、民治、民享之共和國。政府一貫政策，以實現自由、民主、均富為建國目標，此在民族復興基地臺澎金馬三十餘年來之努力實踐，所獲繁榮富庶、安和樂利的豐碩成果，已堪證驗；與共產極權暴政下大陸貧困落後、暗無天日，形成強烈對照之明顯事實，亦早為世人所共睹。

匪偽政權為圖掩飾其失敗，並緩和其內部矛盾與大陸人心日益普遍之「三信」危機，乃利用香港前途問題，偽裝「民族主義」與「愛國主義」，用盡一切謊言欺詐手段，與英國達成所謂「協議」，更進一步藉此擴大渲染，妄談統一，迷惑世人。實則匪、英協議，根本抹煞香港人民意願，全盤是個騙局、陰謀、和統戰。我政府業已一再聲明中共匪幫無權代表中國人民，其所簽任何協議均屬無效。茲為明釋中華民國立場，並導正國際聽聞，須再鄭重指出：

一、中國人內心中的中國只有一個，那就是自由、民主、均富的中華民國；適合中國人的制度也只有一種，那就是創造自由、民主、均富的三民主義制度。共產極權與民主自由基本上水火不相容，共匪所謂的「一國兩制」，是用來蠱惑自由世界，製造「和平共存」的假象，與其所稱的「四個堅持」自相矛盾衝突。

二、港九僑胞為維護自由、安定、繁榮所作的一切奮鬥，我們必定採取各種措施予以支持。政府既定的支援方案，決即貫徹執行。

三、匪偽政權師承「馬、恩、列、史」，宗奉共產邪
　　說，向以摧殘中華文化、毀滅固有傳統為能事，所
　　作所為，完全是數典忘祖、出賣民族的叛徒，而竟
　　偽裝「民族主義」，甚且以「振興中華」和「祖國
　　萬歲」的招牌來標榜，實屬自欺欺人。務希我海內
　　海外同胞，洞悉其奸詐、拆穿其謊言，而以精誠團
　　結、加強反共愛國的具體行動，來粉碎共匪的一切
　　統戰陰謀。

四、我們重申反共復國的基本國策和對匪決不妥協的立
　　場，在任何情況下絕不變更。我們將更堅定對三民
　　主義的信仰，堅信三民主義必能戰勝共產主義。唯
　　有徹底消滅共產制度，貫徹以三民主義統一中國，
　　中國才能重享自由，重見光明。

　　中共匪黨是中國人民的公敵，深望國人提高警覺，
加強同仇敵愾心理，嚴防滲透分化；也望自由世界明辨
是非，分清敵友，不再寄以任何幻想。共產主義已經注
定失敗，中共政權必將完全崩潰，只要我們堅持信念，
不屈不撓，繼續堅強奮鬥，勝利必定屬於我們！

　　中華民國在此關鍵時刻，尤將全力推動國家建設，
強化以自由、民主、均富摧毀共產極權專制的力量，加
速三民主義勝利年代的來臨！

10月9日　星期二

上午

九時三十五分，在府見李副總統。

九時五十二分，親自頒授總統府資政余井塘一等卿雲勳

章，用酬耆英之戀績。

十時，見沈秘書長昌煥，然後一同巡視府內三樓陽臺。

十時十五分，見張副秘書長祖詒。

下午

四時三十五分，在大直寓所見秦主任委員孝儀。

今為先總統蔣公農曆九八誕辰紀念日，於六時〇四分偕同夫人至士林官邸，與家屬聚餐，以表達崇敬與追思。

七時十五分，由夫人陪同，乘車散步，經福林路、中山北路、中山南路、介壽路、重慶南路、衡陽路、中華路、忠孝西路、中山北路、北安路，返回大直寓所。

10月10日　星期三

今日發表中華民國七十三年國慶祝詞，提示海內外同胞：如今我們的基礎大立、主義大行，敵虛我實，優勝劣敗之大勢已明，我們確信，中國的苦難即將過去，三民主義新中國的遠景，即將在我們的眼前展現。

上午

九時，在府內大禮堂主持中樞慶祝中華民國七十三年國慶典禮，並親自宣示祝詞。

九時二十四分起，接見了各國駐華使節、代表及訪華外賓，接受他們對中華民國建國七十三年國慶的祝賀。

九時四十六分，在介壽館前南走廊作電視錄影。

九時五十五分，見張副秘書長祖詒。

十時〇五分，在辦公室內觀看錄影帶。

十時十分，見李副總統。

十時二十二分，蒞臨國慶大會會場，並致詞勉勵海內外同胞緊密團結，向青天白日的旗幟看齊，為反共愛國的使命盡力，使大陸同胞早日重享自由。

十時五十分，至榮民總醫院探訪孫資政運璿。

下午

四時四十三分，在大直寓所見沈秘書長昌煥。

國慶祝詞

中華民國雙十國慶，是中國人民團結在青天白日的旗幟下，為民族爭生存、為民權爭自由、為民生求富足，共同犧牲奮鬥、艱難締造的光榮日子。先烈先賢的精神志節，將永遠領導我們為實踐國父遺志，朝向民有、民治、民享的建國理想而勇往邁進！

民國七十年代是我們建國途程中一個關鍵性的年代。所有海內海外的中國人民在以三民主義統一中國的偉大號召之下，都已更清楚的看透了共產主義禍中國的血腥事實，同時也更確認了唯有三民主義才能救中國的必然歸趨，形成了繼辛亥、北伐、抗戰以來再一次的全民大團結，大家慷慨輸忱，協力齊心，為反共救國而獻身。因之，中華民國在此重要時刻的所作所為，無不關係到國族未來的長久盛衰；我們的一舉一動，也無不要為光復大陸、重建中華的神聖使命而努力。

我們深切瞭解：中國的命運，掌握在我們自己的手中；中國的前途，要由中國人來決定。今天，中共匪

黨，以中華命脈和歷史文化為賭注，行其極權暴政，殘壓人民，欺詐國際，成為世局的禍根亂源。凡有良知血性的中國人，都已痛心疾首，指出了「愛國必須反共、反共才是愛國」的正確大道。為此，我們可以不畏任何犧牲，可以不辭忍受苦難，反共復國的堅定立場永遠不會改變。深信憑著我們人人操持這份堅毅與決心，我們以三民主義統一中國的歷史任務，必能早日完成！

大家知道，反共復國的戰爭，是三民主義對共產主義之戰，也是正義對邪惡之戰、以仁制暴之戰，所以致勝之道，必在高舉公理，力行仁政。我們秉此共信，決以最大的擔當，盡一切所能，遵奉先總統蔣公遺訓，致力強化民主憲政、確立法治社會、弘揚道德文化、發展國家建設，來鞏固勝利基礎。當然，一個不斷追求自強和進步的國家，不可沒有全民的合作，不能缺少全民的共識，尤必須賴其每一國民善盡一份子的責任。也就是只要我們堅強團結，聚千萬人之心為一心，集千萬人之力為一力，共同奮鬥，深信必能衝破一切難關，贏得反共復國聖戰的最後勝利！

任何偉大事業的成功，都要經過艱苦歷程的考驗。中國人民為求民族的尊嚴與國家的富強，克服了無數的障礙與險阻。如今我們的基礎大立，主義大行，敵虛我實、優勝劣敗之大勢已明，我們確信，中國的苦難即將過去，三民主義新中國的遠景即將在我們的眼前展現。在這個舉國歡欣的時刻，讓我們祝福國泰民安，國運昌隆；也讓我們齊聲高呼：

三民主義萬歲！中華民國萬歲！

國慶大會講話全文

親愛的父老兄弟姊妹們，以及回國的僑胞們、各位來賓：

中華民國的雙十節，是中國人民為爭取民主、自由、平等而艱辛締造的光榮日子。

大家都知道，不論中共匪黨如何偽裝、欺騙，他永遠都不能代表中國人民。凡是熱愛自由、民主的中華兒女，也永遠唾棄共產主義，只要我中華民國堅強屹立，三民主義統一中國的歷史任務也必將完成。

親愛的同胞們！讓我們海內海外緊密團結，向青天白日的旗幟看齊，為反共愛國的使命盡力，使大陸同胞早日重享自由！也讓我們一齊高呼：

三民主義萬歲！中華民國萬歲！

10 月 11 日　星期四

巴拿馬共和國新任總統阿狄鐸·巴雷達，於今日就職，總統特去電申賀。

下午

四時三十三分，在府見沈秘書長昌煥。

五時，見蔣秘書長彥士。

五時二十七分，見汪秘書長道淵。

五時四十二分，見沈秘書長昌煥。

10 月 12 日　星期五
下午

三時二十分，在府見張副秘書長祖詒。

三時四十分，見郝總長柏村。

三時五十七分，接見率團來華慶賀我國雙十國慶的日本自民黨最高顧問及日華關係議員懇談會會長灘尾弘吉。

四時三十五分，見沈秘書長昌煥及朱部長撫松。

五時十八分，見汪秘書長道淵。

10 月 13 日　星期六
下午

三時五十六分，在大直寓所見俞院長國華。

四時五十分，見文工會宋主任楚瑜。

10 月 14 日　星期日
下午

四時五十三分，在大直寓所見郝總長柏村。

六時，見秦主任委員孝儀。

10 月 15 日　星期一
下午

三時五十五分，至圓山飯店理髮。

四時四十分，在府見沈秘書長昌煥。

五時二十分，見郝總長柏村。

五時三十七分，見李副總統。

10 月 16 日　星期二
上午

九時十六分，在府見秦主任委員孝儀。

十時，主持軍事會談。

下午

四時十二分，在府見沈秘書長昌煥。

四時三十五分，見張副秘書長祖詒。

五時十四分，見汪秘書長道淵。

五時三十三分，見蔣秘書長彥士。

10 月 17 日　星期三
上午

八時二十三分，在中央黨部見蔣秘書長彥士。

九時，主持中常會。臺灣省政府主席邱創煥以從政黨員身分，提出「祥和團結、安定進步——臺灣省建設之展望——」報告。

十時三十二分，見俞院長國華。

10 月 18 日　星期四

明日為嚴前總統八秩華誕，特派總統府沈秘書長昌煥代表致贈壽屏以為賀。

十時，瓜地馬拉共和國新任駐華大使秦啟雅，到府晉見總統，並呈遞到任國書。

十時十二分，見李副總統。

下午

四時二十八分，在大直寓所見宋主任楚瑜。

致嚴家淦壽屏祝詞

　　靜波先生八秩大慶

　　穆穆君子　邦家之光

　　智隆學富　勳盛德彰

　　百川來會　五嶽在望

　　以譬仁壽　山高水長

10月19日　星期五
上午

九時二十七分，在府見沈秘書長昌煥。

九時五十一分，由沈秘書長陪同至重慶寓所，祝賀嚴前總統靜波先生八秩壽辰。

十時十五分，在府見張副秘書長祖詒。

10月20日　星期六
上午

九時二十九分，嚴前總統至大直寓所回拜致謝，由夫人接見。

下午

三時五十六分，在大直寓所見俞院長國華。

10 月 21 日　星期日　華僑節

總統特頒發賀詞，勉勵全球僑胞秉持崇高志節，蔚成海外反共的長城，粉碎中共統戰陰謀伎倆，朝著三民主義復興之路前進。

下午

三時二十八分，在大直寓所見沈秘書長昌煥。

四時四十六分，見蔣秘書長彥士。

華僑節賀詞

第三十二屆華僑節慶祝大會並轉全球僑胞公鑒：

今天欣逢第三十二屆華僑節，全球僑胞都在熱烈慶祝此一意義重大的日子，回國的僑胞代表更在復興基地舉行慶祝大會，顯示出全僑四海同心，愛護中華民國的熱情與積極支持自由祖國的赤忱。經國對於僑胞們始終秉持崇高的志節，表現在艱彌厲的革命精神，蔚成海外反共的長城，深致欽佩。

中華民國復興基地實施三民主義，已經有了豐碩的成果；而中共偽政權在「四個堅持」之下，空言「四個現代化」，帶給人民的仍舊是貧窮困苦，仍然是極權暴政和奴役迫害，大陸同胞們的內心深處莫不嚮往民主自由，因之，以三民主義統一中國，是全中國人的共同願望，也是中國重見光明的唯一大道。

目前中共為挽救其危亡的命運，正對自由世界及海外僑胞加緊施展統戰攻勢，深信僑胞們都能更加提高警覺，堅強鬥志，粉碎其欺騙伎倆，從而使其終必歸於失

敗。讓我們海內外全體愛好自由的中國同胞攜手努力，
朝著三民主義的復興之路前進。

欣逢佳節，敬祝各位健康愉快，大會圓滿成功！

10月22日　星期一
下午

二時五十分，至圓山飯店理髮。

三時三十分，在府作臺灣光復節前夕談話錄影。

三時五十四分，見宋部長長志。

四時三十一分，見沈秘書長昌煥。

四時五十五分，見秦主任委員孝儀。

五時二十一分，見倪院長文亞。

10月23日　星期二
下午

三時〇五分，在府見秦主任委員孝儀。

三時二十九分，見許主任歷農。

三時五十七分，接見美國在臺協會臺北辦事處處長李
潔明。

四時三十分，見戰略顧問王叔銘將軍。

四時五十八分，見聯合報董事長王惕吾。

五時二十三分，見郝總長柏村。

10月24日　星期三
上午

八時三十五分，在中央黨部見蔣秘書長彥士。

九時，主持中常會。

十時二十九分，見黃院長少谷。

今為光復節前夕，曾分別致函臺灣省政府主席邱創煥、臺北市市長楊金欉及高雄市市長許水德，嘉勉他們主持地方建設的績效，並請他們代向省市同胞轉達祝福之忱。

晚

發表光復節電視談話，勉勵國人：只要我們繼續團結一心，奮勵自強，再多的障礙，都必定可以突破。

致函地方首長

時逢臺灣光復卅九週年，欣見實行三民主義的成果，創造全民生活的自由幸福與社會的繁榮和諧，彌足欣慰。吾兄為復興大業，主持地方建設，周詳策畫，終日辛勤，深具績效，至為嘉佩。關於光復節各項集會，因事未能參加，尚望代向全省（市）同胞轉達祝福之忱。

光復節談話

親愛的父老兄弟姊妹們：

大家好！

明天就是臺灣光復三十九週年紀念日，在這個歡樂佳節的前夕，經國內心跟大家一樣的興奮，首先要祝大家健康愉快！

臺灣的光復，不僅是中國歷史上的大事，就整個世界而言，關係也極為重大。尤其光復以來，臺灣的進步，我們每一個人都親眼看到，親自參與。臺灣的光復，不僅使臺灣同胞重返祖國懷抱、成為堂堂中華民國的國民，更因為大家的辛勤努力，也使今天的臺灣成為我們國家未來建設的模範，我們為此感到驕傲，也感到光榮。這一切都是先總統蔣公的高瞻遠矚，和全體同胞大家共同奮鬥的成果，其所代表的意義，是何等重大！

今天，我們環顧整個世局，雖然國際關係錯綜複雜，但歸根究柢，仍然是民主自由對抗極權奴役的態勢。我們始終堅守民主陣容，同時也堅信民主必定戰勝極權。大家都知道，我們堅守反共復國的政策，在自由世界中更以反共的中堅自許，主要就是要為世界和平、人類自由，貢獻我們的力量。

我們可以說，當前中華民國復興基地的臺灣，不僅是大陸以及海內海外所有中國人的希望所在，也是亞洲安定、安全的關鍵所在。當然，我們決不能夠以既有的成果而自滿，也不能因為居於關鍵地位而自負。我們所要走的道路，還有很多艱難險阻，但是，深信只要我們繼續團結一心，奮勵自強，再多的障礙，都必定可以突破；只要我們堅定信念，邁向目標，我們就必能完成以三民主義統一中國，而使大陸同胞如同當年臺灣同胞重回祖國懷抱一樣，共享自由、民主、均富的生活，更使臺灣在中國歷史上完成永垂不朽的神聖使命。

親愛的父老兄弟姊妹們，在此讓我再一次祝福大家，人人快樂，家家幸福！也祝福我們反共復國大業，

早日勝利成功！謝謝各位！

10 月 25 日　星期四
【無記載】

10 月 26 日　星期五
下午

四時，在大直寓所見宋主任楚瑜。

10 月 27 日　星期六
第三屆全美祭孔大典，於今日在洛杉磯華埠舉行。總統曾致電祝賀。賀詞並由北美事務協調委員會洛杉磯辦事處處長劉達人在典禮中宣讀。

上午

十時〇七分，在府見沈秘書長昌煥。

十時四十九分，見李副總統。

十一時十六分，見宋部長長志。

十一時三十八分，見郝總長柏村。

下午

三時五十八分，在大直寓所見俞院長國華。

10 月 28 日　星期日
下午

三時三十分，在大直寓所見沈秘書長昌煥。

四時五十分，見秦主任委員孝儀。

10 月 29 日　星期一
上午

十時十五分，在府見宋部長長志。

十時三十二分，見俞院長國華。

十時四十八分，見汪秘書長道淵。

下午

三時五十五分，至圓山飯店理髮。

四時四十一分，在府見沈秘書長昌煥。

10 月 30 日　星期二
上午

十時，在府主持軍事會談。

下午

四時三十五分，巡視府內大禮堂。

四時四十二分，見沈秘書長昌煥。

五時〇六分，見秦主任委員孝儀。

五時二十五分，見張副秘書長祖詒。

10 月 31 日　星期三
上午

九時，在府內大禮堂，主持中樞紀念先總統蔣公九秩晉
八誕辰大會，由副總統李登輝以「先總統蔣公與中華文

化」為題提出報告。

十時四十五分，率同嚴前總統家淦、李副總統登輝、行政、立法、司法、監察等四院院長等黨政軍代表抵達慈湖，恭謁先總統蔣公陵寢，獻花行禮並俯首追思。

中午

十二時，在大直寓所與家屬會餐。

下午

四時十二分，在大直寓所見秦主任委員孝儀。

11月1日　星期四
【無記載】

11月2日　星期五
下午

四時五十一分，在府見沈秘書長昌煥。

五時二十五分，見新任本府第三局副局長張復。

11月3日　星期六
上午

十時〇六分，在府見蔣秘書長彥士。

十時二十五分，見宋部長長志。

十時四十五分，見汪秘書長道淵。

下午

三時五十六分，在大直寓所見俞院長國華。

八時十八分，見秦主任委員孝儀。

11月4日　星期日
下午

三時三十二分，在大直寓所見沈秘書長昌煥。

四時五十八分，見宋主任楚瑜。

11月5日　星期一
下午

三時十五分，至圓山飯店理髮。

三時五十分，在臺北賓館巡視。

四時〇五分，在府見沈秘書長昌煥。

四時二十五分，見國策顧問劉鍇。

五時，見教育部李部長煥。

五時四十三分，見秦主任委員孝儀。

11 月 6 日　星期二

上午

九時，在府見沈秘書長昌煥、俞院長國華及鄭顧問
彥棻。

九時二十八分，單獨見俞院長國華。

十時，主持財經會談。於聽取經建會及財經首長報告當
前經濟情勢後，並作了五點重要指示，勉勵國人激發潛
能，因應挑戰，朝著自由化、國際化、制度化的方向，
共為國家社會的整體利益而努力，以開展國家現代化的
光明遠景。

下午

四時十分，在府見宋部長長志。

四時五十一分，見許主任歷農。

五時十七分，見李副總統。

財經會談指示

一、今年以來，國內經濟發展較預期為佳，這是國人
　　與政府通力合作共同努力的成果，值得欣慰。惟下
　　半年景氣有趨緩現象；同時國內投資意願亦仍欠旺

　　盛，不足支持經濟進一步的成長，這也可能是肇致
　　當前資金寬鬆的主因。有關機構應加強採取鼓勵投
　　資措施，包括引進僑胞及外人來華投資；金融機構
　　亦應主動對有發展潛力的工商企業給予充分的資金
　　融通，使企業界能夠把握當前利率低、資金充裕的
　　機會，積極作改進生產力的投資，以推動當前經濟
　　的繼續發展。
二、近數年來工業先進國家在資訊、電子、通訊、材料
　　與生物科技等方面的突破性進展，已對世界各國的
　　經濟社會結構造成莫大的衝擊，以致無論工業先進
　　國家或新興工業化國家，莫不以提升科技與工業水
　　準為急務。我國在這方面尚有待努力，希有關單位
　　除應加緊培育科技人力、有效運用科技資源外，尤
　　應研擬辦法鼓勵民間企業加強研究發展；同時動
　　員各教育與學術研究機構與民間企業密切合作，
　　以集體的力量共同合作，積極進行重點科技的研
　　究與開發。
三、最近連續發生黃樟素、玉米進口、彩色電視機售
　　價、紡織品配額等事件，表象雖不相同，但問題根
　　源都跟制度有關，而制度又與社會情況及政策需要
　　有關。若干制度在設置初期，確有必要，但經濟社
　　會快速發展後，即應隨時進行檢討，針對各項變
　　遷，修訂或設計新的法規制度，以妥善處理各種新
　　的問題。這是今後在制度化努力中應把握的重點，
　　希望有關部門特別注意。
四、展望未來經濟發展，我們所面臨的挑戰雖然艱巨，

但以我國人民的智慧與勤奮，相信具有因應挑戰的
基本能力。主要關鍵在於社會中的每一分子是否
都能將潛能激發出來，俾在一個充滿競爭性的時代
中，朝著自由化與國際化的方向努力。而要達到這
個境界，需要觀念的溝通、共識的形成、良好的合
作、以及制度的調整、設計與執行，甚至需要付出
若干代價等等。希望政府各個部門及全體同胞均
能有此認識，為社會整體利益及國家未來前途共
同奮鬥。

五、我們已經預期民國七十八年時，我國平均每人所得
（按當年幣值，以國民生產毛額計）將達六千美元
的目標，希望行政院妥慎擬訂未來經建計畫，於自
由化、國際化、制度化的方向之外，更要繼續把握
穩定與成長兼顧並重的政策原則，明確地勾畫出國
家經濟發展的途徑與前瞻，並且要掌握住國際經濟
可能發生的變化，擬訂整體性對策，其中有關經濟
發展各種制度與法規的應興應革事項，尤為重點，
宜妥為設計，期使成為今後我國中長期經濟建設的
綱本，開展國家現代化的光明遠景。

11 月 7 日　星期三

上午

八時四十分，自大直寓所蒞臺北賓館。

八時四十一分，在臺北賓館見蔣秘書長彥士。

九時，在臺北賓館主持中常會。

十時二十五分，見沈秘書長昌煥及朱部長撫松。

下午

四時三十六分，在府見郝總長柏村。

五時十五分，見汪秘書長道淵。

今日獲悉美國總統雷根及副總統布希當選連任後，特分別致電他們申致誠懇賀忱。

致賀雷根總統電文

雷根總統閣下：

欣逢閣下當選連任美利堅合眾國總統，內子暨本人特向賢伉儷申致最誠摯之賀忱。

美國人民再度選出一位睿智之領袖，以領導今後人類歷史上極為重要之一個階段，實不僅為其自身亦是為自由世界而作的明智之舉。閣下此次膺選再任貴國最高職務，顯示貴國人民對閣下過去在國內外卓越成就之熱烈讚佩。此一全民託付將使閣下有機會繼續閣下之偉大使命，以實現堅守自由、公正與道德勇氣之誠摯信念。

本人深切期盼貴我兩國人民間之關係在未來數年中將愈趨改善，更形密切。

內子與本人謹祝閣下政躬康泰，於第二任內繼續成功。

蔣經國敬啟

致賀布希副總統電文

布希副總統閣下：

欣逢閣下當選連任美利堅合眾國副總統，內子與本

人特向賢伉儷申致最誠摯之賀忱。

　　吾人目睹過去四年中，在雷根總統及閣下之睿智領導下，美國業已恢復國內繁榮與國外聲譽之卓越成就。閣下再度膺選貴國副總統，即為美國人民對閣下在此方面傑出貢獻之充分肯定。

　　本人對閣下促進貴我雙方人民間友好關係之努力至為感佩，並確切期盼此一傳統關係今後將更為穩固。

　　謹祝閣下政躬康泰、事業成功。

蔣經國敬啟

11 月 8 日　星期四
【無記載】

11 月 9 日　星期五
上午

十時二十分，在府見宋部長長志。

十時三十分，接見前美國駐華大使莊萊德夫婦。

十時四十八分，見沈秘書長昌煥。

十一時十分，見東引王指揮官易謙。

下午

四時二十四分，在大直寓所見秦主任委員孝儀。

11 月 10 日　星期六
今天以「認清國家當前環境、矢志完成復國使命」為題，特頒書面致詞，期勉三軍官校及政治作戰學校應屆

畢業同學，認清當前處境，體認所負責任，發揮黃埔精
神，精誠團結，奮勵自強，矢志完成復國使命。

下午

三時五十八分，在大直寓所見俞院長國華。

認清國家當前環境　矢志完成復國使命

各位同學：

今天是領袖蔣公奉國父之命在廣州的黃埔創辦陸軍
軍官學校六十週年，也是國父開講三民主義六十週年，
在這一個具有光榮歷史的年份裡，各位同學完成了四年
的文武合一的革命教育，成為一個現代的國軍軍官，
實在深具意義和值得歡慶。經國特藉今天陸海空三軍官
校和政戰學校舉行聯合畢業典禮的機會，向各位表示祝
賀；同時對平日辛勤的教職官們，也在此表示慰勉。

從今天開始，各位同學即將成為國民革命軍的新力
量、新骨幹，將要追隨著先期學長們，在各個戰鬥的行
列裡，貢獻所學，發展抱負，開創事業；並與許許多多
的軍中伙伴們，攜手並肩，齊心協力，為反共復國的革
命大業共同奮鬥。因之，在各位即將離開學校的時候，
經國願意提出幾點意見，來與大家共勉。

第一、要認清我們當前的處境。今天殘暴的共匪在
大陸上實施極權專制的統治，為虐不仁，摧毀文化，陷
億萬同胞於痛苦的深淵。中國的歷史，從來沒有出現過
這樣的大浩劫；中國的人民，也從來沒有蒙受過如此的
大災禍。因之，大家要認清，處在一個關係國家民族生

死存亡的時代，關係中華民族文化能否承傳的時代，要作時代的中流砥柱。

第二、要體認所負責任的重大。領袖蔣公曾說：「國家的興亡，乃我軍人之責」，各位都是有理想、有抱負的青年軍官，在認清國家當前的處境後，必須要體認所負責任的重大，立定救國救民的大志，把消除共產主義浩劫的責任，牢牢實實的放在肩上，做一個旋乾轉坤、開創國家新機運的強者。

第三、要實踐黃埔校訓，發揚黃埔精神。如何來履行這個責任呢？經國認為「親愛精誠」的黃埔校訓與「犧牲、團結、負責」的黃埔精神，便是最好的指引、最好的依循。一個軍人、一個部隊，如能真正做到「親愛精誠」，戰力必然堅強無比，如能真正發揮「犧牲、團結、負責」的精神，就沒有打不倒的敵人，沒有得不到的勝利。

各位同學，今天復興基地的安定、繁榮、和諧，與大陸上的混亂、貧窮、落後，已形成強烈的對比，臺灣海峽一水之隔，竟有如此巨大的差異，這就證明了三民主義的優越性，也證明了共產主義的荒謬性。各位都是對國家民族充滿忠愛的革命軍人，必然會興起一種大義血忱，決不忍心讓海峽對岸的人間悲劇繼續存在。因之，如何使大陸同胞早日同享三民主義的成果，乃是我們最迫切的急務。

親愛的同學們！由於你們的投入，國軍的戰力必將更加提高，國防的基礎必將更加堅實。期望大家均能切實認清國家當前的處境，體認所負責任的重大，精誠團

結，奮勵自強，矢志完成復國使命。

　　祝大家身體健康，精神愉快，革命事業勝利成功。

11月11日　星期日
上午

九時五十五分，至圓山飯店理髮。

十時三十四分，訪晤孫資政運璿於其寓所。

下午

三時三十分，在大直寓所見沈秘書長昌煥。

11月12日　星期一
今日特頒書面賀詞，期勉參加海外地區三民主義統一中國大同盟聯合大會（今在臺北舉行）全體代表，奮其忠義，共籌良策，提早完成以三民主義統一中國的神聖使命。

上午

十時，在府主持中央政府紀念國父誕辰暨慶祝中華文化復興節大會。總統府資政余井塘在會中作「篤行三民主義、復興中華文化、完成統一中國」之專題報告。

十時二十二分，見陳資政立夫。

下午

三時五十一分，在大直寓所見蔣秘書長彥士。

五時〇三分，見宋主任楚瑜。

海外地區三民主義統一中國大同盟聯合大會書面賀詞

海外地區三民主義統一中國大同盟聯合大會全體代表公鑒：

今天是國父一百一十九歲誕辰，海外地區三民主義統一中國大同盟聯合大會在臺北盛大舉行，充分顯示了全球僑胞唾棄共產暴政，積極參與此一全民性救國運動的大義赤忱，深感佩慰。

三民主義統一中國運動在各界人士熱烈推動下，兩年來在復興基地、大陸匪區及海外各地蓬勃發展，將全世界反共愛國的中國人，結合在青天白日的旗幟之下，為推翻匪偽政權、重建三民主義新中國而奮鬥，尤其是海外七十二個國家及地區大同盟組織的建立與活動的開展，號召了廣大的大陸同胞，強烈的震撼了中共偽政權，使其面臨分裂崩潰的命運。行見此一「順天應人」的偉大事業，必能克服一切艱困，獲得光榮勝利。

海外僑胞夙堅忠貞，在國民革命進程中，具有卓越的貢獻。當此反共復國大業決勝關頭，再度奮其忠義，不遠千里而來，共籌良策，深信必能加速共匪偽政權的潰亡，提早完成以三民主義統一中國的神聖使命。

敬祝大會圓滿成功！

11 月 13 日　星期二

上午

九時四十五分，在府見郝總長柏村。

十時〇二分，主持軍事會談。

十時十四分，見俞院長國華。

下午
四時五十八分，在府見宋部長長志。
五時三十四分，見秦主任委員孝儀。
五時五十分，見沈秘書長昌煥。

11月14日　星期三
上午
八時三十五分，在臺北賓館見蔣秘書長彥士。
九時，主持中常會。
九時四十七分，見黃院長少谷。

下午
三時四十九分，在府見沈秘書長昌煥。
四時，接見美國聯邦眾議員訪問團歐克斯雷、康尼斯、
希樂、馬汀、摩里森、德望及達爾登等七位眾議員。
四時四十二分，見沈秘書長昌煥。
四時五十二分，見郝總長柏村及空軍郭總司令汝霖。

11月15日　星期四
下午
四時二十五分，在府見沈秘書長昌煥。
四時五十分，見警備總部陳總司令守山。
五時十分，見張副秘書長祖詒。

11 月 16 日　星期五
上午

九時，在府見國家安全局汪局長敬煦。

九時五十分，見沈秘書長昌煥。

十時十五分，見情報局汪局長希苓。

下午

三時〇三分，在大直寓所見沈秘書長昌煥。

四時五十四分，見汪秘書長道淵。

六時〇五分，見蔣秘書長彥士。

11 月 17 日　星期六
上午

十時五十八分起，在府見沈秘書長昌煥，隨後又加見汪秘書長道淵及江局長敬煦。

中午

十二時，在府見俞院長國華。

下午

二時三十五分，至圓山飯店理髮。

三時十二分，在府見沈秘書長昌煥。

三時二十七分，見旅港中央社顧問曾恩波。

四時，接見日本自民黨幹事長金丸信。

四時四十一分，見沈秘書長昌煥。

四時五十四分，見郝總長柏村。

五時十七分，見朱部長撫松。

11 月 18 日　星期日
中午
十二時十六分，在大直寓所見汪局長敬煦。

下午
三時四十四分，在府見沈秘書長昌煥。
三時五十五分，接見美國聯邦參議員賈恩、賴索特、丹
佛士、辛浦森及其夫人等一行八人。
四時三十五分，單獨接見美國聯邦參議員賴索特。
五時三十六分，見沈秘書長昌煥及汪局長敬煦。

11 月 19 日　星期一
下午
三時四十二分，在府見沈秘書長昌煥。
四時四十四分，見汪秘書長道淵。
五時十分，見蔣秘書長彥士。

11 月 20 日　星期二
上午
九時五十五分，在府接見並贈勳沙烏地阿拉伯王國情報
局局長突奇親王。
十時二十九分，見行政院馬政務委員紀壯。
十時四十五分，見張局長京育。
十時五十五分，見中國時報余董事長紀忠。

十一時十三分，見宋部長長志。

下午

四時二十五分，在大直寓所見文工會宋主任楚瑜。

11 月 21 日　星期三

上午

八時三十七分，在臺北賓館見蔣秘書長彥士。

九時，主持中常會。

九時四十分，見俞院長國華。

十時二十分，見教育部李部長煥。

下午

三時五十五分，在大直寓所接見孔令侃先生並以茶點款待。

11 月 22 日　星期四

下午

三時三十六分，在府見沈秘書長昌煥。

四時〇六分，接見美國聯邦眾議員佛里及霍頓等二人。

四時四十分，接見美國自由作家麥瑪麗女士。

四時五十三分，見沈秘書長昌煥。

五時〇六分，見郝總長柏村。

11 月 23 日　星期五

今天為本黨建黨九十週年前夕，主席特以「貫徹國民革

命的全程任務」為題，勉全國同胞同志展開「在人心上
以眾擊寡、在武力上以寡擊眾」堅強勇毅的奮鬥，一定
要使大陸同胞同沐三民主義——至進步、至富強、至安
樂、永恆普及的福祉之中。

貫徹國民革命的全程任務

全國同胞、全黨同志們：

　　國父於民前十八年（甲午）的十一月二十四日創立
興中會，著手建黨革命，到今年甲子，已經九十週年。
我全黨同志，躬逢這一光榮傳統的歷史節日，自然都充
滿著對革命建國「最後一定成功」的信心，就是全國同
胞也都會激起其「一國之民，皆負有革命的責任」之使
命感。

　　國父痛心中國貧弱落伍，民族危機嚴重，認為：
「國與民弱且貧矣，不思有以救之，不可也！救之而不
得其道，仍不可也！道何在？即實行三民主義，以成救
國救民之仁而已。」於是乃「求天下之仁人志士，同趨
於一主義之下」，於甲午首創興中會後、繼於乙巳成立
同盟會、復於民國八年建立中國國民黨，以致力於救國
救民之大業，全心全意要建立一個民有、民治、民享、
至進步、至富強、至安樂的三民主義新中國；朝著這個
目標，全國志士仁人，竭智盡忠，犧牲奮鬥，一直都是
在人心上以眾擊寡，在武力上以寡擊眾，並且一次又一
次的都達成了每一階段的革命任務。七十三年前中華
民國的創立，就是為這遠大歷史任務邁出了成功的第
一步。

　　由於國家在滿清的長期積弱之下，導致無數嚴重的
歷史性憂患，使本黨於建立民國後，還必須繼續掃除這
百餘年憂患積累下來的橫逆。因此，我們討袁、護法、
東征、北伐、剿匪、抗日、以至廢除百年枷鎖的不平
等條約，都是本黨救國救民經歷的進程，也都是實行主
義建設國家所必須戮力開拓的道路。總理說：「民國以
前，吾黨本主義以建立民國；民國以後，則本主義以捍
衛民國。」直到今天，我們仍然為捍衛中華民國而堅忍
苦鬥。這革命民主的神聖任務，在目前就是要消除為禍
中國的邪惡共產主義，達成以三民主義統一中國；又進
而以三民主義建設中國。

　　任何有真知灼見的人，都可以從臺灣海峽兩岸的真
實事象中，明辨兩種主義誰為福國、誰為禍國、誰為利
民、誰為殘民以逞的不同，因而一致肯定了以三民主義
統一中國的必然性。為此經國願為全黨同志告者，凡我
同志，更應淬勵奮發，以反共產的前鋒和後衛自任。切
望大家都從今天這光榮的日子，再開始、再出發、人人
都成為「現代的志士仁人」，「使國民革命成為全國國
民的共同事業」，這亦就是說：

第一、大家要體認自己屬於這個革命民主政黨而作一個
　　　時代化的黨員——總裁本於總理「吾黨應為世
　　　界上最新革命黨」的提示，不斷致力於黨的革
　　　新。總裁明白指出：「我們黨的革新，也就是
　　　黨的時代化」，「唯有我們以革命民主為屬性
　　　的中國國民黨，乃為真正時代化的政黨。」本
　　　黨自國父創黨開始，就是為達到「主權在民」

　　的目的而革命的；大家堅持革命的奮鬥，亦就
　　是為了竭盡保障民主的責任。今天本黨同志，
　　必須自策自勉，也互策互勉，一齊成為時代化
　　的黨員，做維護人性尊嚴的鬥士，做啟發人性
　　覺醒的先導，誠摯純潔的永遠和民眾在一起。
第二、我們要在三民主義的進程之中，獻出自己實行三
　　民主義的力量──總裁本於總理「實行三民主
　　義以成救國救民之仁」的提示，一貫要求黨員
　　致力實踐主義，而且曾經痛切地指出：「主義
　　不行，黨員之恥！」大家加入本黨，原都抱著
　　救國救民的大志，是為實行三民主義而來的。
　　三民主義的實行績效，亦就是我們每一個黨員
　　志業成敗、志節榮辱的關鍵，任何一位同志，
　　在三民主義倫理、民主、科學建設之中，都應
　　當守著三民主義的善道，奉獻其一己的能力，
　　體認「人生以服務為目的」的真義，篤實踐履，
　　生死以之。這樣，就不論是「服千萬人之務」
　　或者「服十百人之務」，所有的成就，必不止
　　是一己的成就，也就是全黨的成就；所有的建
　　設，必就是三民主義新中國的建設。
第三、我們要在國民革命的道義砥礪中，成就自己完美
　　的革命人格和志節──總裁本於總理「國民黨之
　　主旨首在注重黨德」的提示，一貫要求黨員重
　　視情感道義：「我們革命黨員，向來都是以道
　　義與志節相結合的，所以都是生死患難與共的
　　同志。」並鼓勵我們要：「以革命的情感扶持

顛危，以革命的道義砥礪志節。」而且期勉我
們：「每一個黨員成為黨之化身、作為黨之縮
影，而了無愧色！」

「同志」這個親切的稱呼，原就充滿感情，具有儒
行篇「合志同方」的真義；本黨黨員以同志相稱，正表
示我們是志士仁人同趨於一主義之下，承接革命傳統精
神的道義結合。因此，本黨同志，莫不心懷莊敬，以
做人間第一等大事，高自期許；這種志節，乃使先烈先
賢的革命事蹟和嘉言懿行，成為人間正氣的表率，和本
黨光榮傳統的象徵。今天我們「上繼先人遺烈」，就更
要以革命情感和革命道義，作更高度的發揮。人人都以
與黨同榮辱之心，與同志共患難之情，與國家民族共存
亡之節概，以先烈先進作榜樣，使二百萬革命黨員，各
自期許其自己就是黨的化身、黨的縮影，承擔國民的付
託，受全民的信賴；結合國民的心力，成革命之全功。

全國同胞、全黨同志們！本黨現階段的唯一任務，
是建設復興基地，完成反共復國，而這也是我們國民革
命的最後一期任務。致勝之道，厥在奉行總裁遺訓，
「實踐三民主義」、「復興民族文化」、「堅守民主陣
容」，以達「光復大陸國土」的終極目標。本黨經過
九十年的艱苦奮鬥，重重的障礙都已經掃除了；現在面
對以三民主義統一中國的時代任務，和以三民主義建設
中國的歷史使命，深信只要繼續發揚我們革命鬥士的精
神，奉獻主義的力量和砥礪道義的志節，貫徹始終，必
能獲得最後勝利成功。不過，古人說：「行百里者半
九十」這一古訓，值得我們惕勵奮發。願我們全國同

胞、全黨同志，在紀念本黨建黨九十週年這一莊嚴偉大的日子，本於「一國之民，皆負有革命的責任」之自覺，一齊重申不成不止的決心，一齊展開「在人心上以眾擊寡，在武力上以寡擊眾」堅強勇毅的戰鬥！總理說：「最後之勝利，終歸於最後之努力者」，我們一定要使大陸同胞，都脫離奴役、脫離恐怖、脫離貧窮、脫離罪惡，同沐於三民主義——至進步、至富強、至安樂、永恆普及的福祉之中，這才是國民革命全程任務的貫徹與完成。

11 月 24 日　星期六

上午

九時〇一分，在中山樓見蔣秘書長彥士。

九時十二分，見嚴常委家淦。

九時三十分，主持國父建黨革命九十週年紀念大會。嚴常委家淦在會中以「發揚本黨誠摯的革命精神」為題發表演講，指出目前全中國人所需要的就是「驅除馬列，復興中華，以三民主義統一中國。」

下午

三時二十八分，在大直寓所見俞院長國華。

四時五十五分，見秦主任委員孝儀。

11 月 25 日　星期日

下午

三時三十分，在大直寓所見沈秘書長昌煥。

五時四十七分，見郝總長柏村。

11 月 26 日　星期一
下午

三時十分，至圓山飯店理髮。

三時五十二分，在府見宋部長長志。

四時〇三分，見臺泥公司辜董事長振甫。

四時三十分，見華航公司烏董事長鉞。

四時五十二分，見台塑公司王董事長永慶。

五時十九分，見汪秘書長道淵。

五時四十九分，見沈秘書長昌煥。

11 月 27 日　星期二
上午

八時四十五分，在府見張副秘書長祖詒。

八時五十九分起，分別見陸軍蔣總司令仲苓、海軍劉總司令和謙、空軍郭總司令汝霖、聯勤溫總司令哈熊。

十時，主持軍事會談。

十時五十八分，見警備陳總司令守山。

下午

四時二十五分，在府見沈秘書長昌煥。

四時五十分，見李副總統。

五時十二分，見蔣秘書長彥士。

11月28日　星期三

上午

八時四十七分，在臺北賓館見蔣秘書長彥士。

九時，主持中常會。聽取經濟部國貿局局長蕭萬長以從
政同志身分報告「我國對外貿易現況及努力方向」後，
對該局在政策設計上，在法規制訂上、在執行配合上應
有的做法，作了具體提示，期勉國貿局同仁繼續加強推
展國際貿易關係，提升我國貿易地位，創造光明的貿易
前途。

十時十三分，見臺灣省政府邱主席創煥。

聽取「我國對外貿易現況及努力方向」後之指示

　　在政策設計上，應以民生主義經濟思想「互助合
作」及「平等互惠」為指導原則，以「計畫性自由經
濟」為基本架構，繼續使我國際貿易加速邁往「自由
化」、「多元化」的方向進展，一方面獲取國際貿易的
「比較利益」，一方面促進國內產業的升級，達成以貿
易成長帶動經濟發展的政策目標。

　　在法規制訂上，應依據政策要求，致力降低貿易障
礙，逐步減少管制，適度開放進口，加強智慧與工業財
產權的保護，以及改善關稅結構等，建立一個有利於自
由開放貿易的法制體系，創造活潑繁榮的貿易環境。

　　在執行配合上，應本「崇法務實」的精神，各有關
單位無論公私機構，密切合作，徹底執行政策和遵守法
令，使國際間皆能認識中華民國是個自由貿易的良好市

場，是重視國際商譽的貿易夥伴。

　　至於對外貿易實務上，現存的若干重要問題，如進口成長的顯著落後、商品仿冒等破壞貿易秩序的違法行為、以及巨額順差或逆差的貿易失衡等，均須再進一步慎加研究，妥訂對策。其中對美貿易順差之快速擴大，尤應特別重視，要以兩國相互利益為重，迅籌有效步驟，縮短差距。

11 月 29 日　星期四

下午

三時〇六分，在府主持一項會談。參與者有：沈秘書長昌煥、汪秘書長道淵、蔣秘書長彥士、文工會宋主任楚瑜及國家安全局汪局長敬煦。

11 月 30 日　星期五

臺中縣刑警隊隊長洪旭因公殉職，今日舉行公祭，總統特頒輓額「忠勇足式」以示哀悼。

下午

四時五十五分，在府見沈秘書長昌煥。

12月1日　星期六

下午

三時二十八分，在大直寓所見俞院長國華。

四時五十一分，見汪秘書長道淵。

12月2日　星期日

下午

三時三十分，在大直寓所見沈秘書長昌煥。

五時，見文工會宋主任楚瑜。

12月3日　星期一

上午

九時三十七分，在大直寓所見沈秘書長昌煥。

九時五十六分，見本府第一局馬副局長英九。

十時十二分，接見美國在臺協會理事長丁大衛及該會駐臺北辦事處處長宋賀德。

12月4日　星期二

上午

八時四十四分，至圓山飯店理髮。

九時五十一分，在府見沈秘書長昌煥。

九時五十八分，接見美國夏威夷州州長有吉夫婦、堪薩斯州州長卡林夫婦、新墨西哥州州長阿納雅及俄亥俄州州長奚里斯特夫婦等七人。

十時三十分，接見美國聯邦參議員麥考斯基夫婦。

十一時〇四分，接見國際獅子會世界總會會長梅生。

下午

三時四十四分，在府見沈秘書長昌煥。

四時〇八分，見沈秘書長昌煥、汪秘書長道淵及汪局長
敬煦。

五時十分，見郝總長柏村。

五時三十八分，見朱部長撫松。

12月5日　星期三

上午

八時二十分，在臺北賓館見蔣秘書長彥士。

八時五十分，主持中常會，通過中央政策會與立法院內
政、司法兩委員會黨籍委員就有關「槍礮彈藥刀械管制
條例」與「警械使用條例」部分修正草案所研獲之六項
結論。

十時十分，見嚴常委家淦。

十時十八分，見宋部長長志。

十時二十四分，見宋主任楚瑜。

下午

三時三十三分，在府見李副總統。

三時五十八分，接見美國美中經濟協會理事長大衛・甘
乃迪夫婦及該會秘書長莫偉禮夫婦等四人。

四時二十分，見沈秘書長昌煥。

四時四十七分，見郝總長柏村。

12月6日　星期四

【無記載】

12月7日　星期五

下午

一時〇八分，在大直寓所見秦主任委員孝儀。

三時〇八分，至榮民總醫院第六病房探視嚴前總統
家淦。

三時二十分，至榮總賓館探視孫資政運璿。

四時〇五分起，在府見沈秘書長昌煥及國家安全會議汪
秘書長道淵。

五時三十分，見俞院長國華。

12月8日　星期六

今日明令特派朱炳麟為監察院秘書長。

上午

十時二十一分，在府見總政戰部許主任歷農。

十時五十分，見空軍郭總司令汝霖。

十一時〇九分，見海軍劉總司令和謙。

十一時四十五分，見宋部長長志。

十一時五十七分，見沈秘書長昌煥。

下午

三時五十六分，在大直寓所以茶會款待余南庚博士
夫婦。

12月9日　星期日
下午

三時三十分，在大直寓所見沈秘書長昌煥。

五時十五分，見蔣秘書長彥士。

12月10日　星期一
下午

三時二十六分，在府見汪秘書長道淵。

三時五十七分，見宋部長長志。

四時二十七分，見張副秘書長祖詒。

四時五十八分，見蔣秘書長彥士。

晚

八時二十八分，在大直寓所見宋主任楚瑜。

12月11日　星期二
上午

九時〇九分，在府見宋部長長志。

九時二十七分，接見哥斯大黎加共和國外交部部長古提瑞斯。

九時五十五分，主持軍事會談。

十一時〇五分，見俞院長國華。

十一時二十一分，見空軍郭總司令汝霖。

下午

三時五十四分，在府接見美國聯邦參議員麥廷理夫婦暨

聯邦眾議員瑞特、陶卜夫婦、畢理瑞基斯夫婦等七人。

四時四十二分，見秦主任委員孝儀。

五時，見李副總統。

五時十五分，見汪秘書長道淵。

12月12日　星期三

上午

九時，主持中常會。於聽取大陸工作會主任白萬祥與文化工作會主任宋楚瑜分別提出對日前共匪「人民日報」批判馬克斯主義的看法後，曾發表談話指出，共匪批判馬列主義的做法，是一種惡毒統戰陰謀，希望全黨同志、海內外同胞提高警覺，自由世界加強防範，以免為共產匪黨所愚弄。

下午

四時四十二分，在大直寓所見汪秘書長道淵。

中常會談話全文

　　剛才白主任和宋主任先後報告了對共匪「人民日報」批判馬克斯和列寧主義的看法。共匪為了實施其所謂經濟改革，並杜塞反對者的口實，而出此下策，已經嚴重暴露出它內部的矛盾、鬥爭、衝突和困難。而「反毛」與「擁毛」、「反鄧」與「擁鄧」之間的分歧錯雜，益使其內部權力鬥爭更形劇烈，危機重重。

　　而且就在其社論發表的次日，立即發出更正，認定這篇社論指稱馬克斯主義已經完全不合時宜，是錯誤

的。這表示共產匪幫並不敢完全否定馬列主義，亦並未敢大膽的放棄其對馬列毛思想的堅持。這種出爾反爾的現象，說明了共匪在當前艱困的環境下，已經面臨了反馬列不行，不反馬列也不行的窘境，可見共產主義已經走到了死路的盡頭。

不過，共匪批判馬列主義的這一意圖，仍然值得我們注意，因為它顯然企圖製造另一種假象，使國際社會、海內外同胞，產生一種錯覺，把它的步步敗退，誤以為是著著冒進，甚至誤以為共匪真的已經走上了「走資」路線，不再根據馬列毛的邪惡方向去發展了。這倒不失為是一種惡毒的統戰陰謀，因為一旦大家誤認共匪已經有意放棄共產主義，那麼心理上就容易解除反共的精神武裝。所以希望本黨同志，海內外同胞必須提高警覺；自由世界必須加強防範，以免為共產匪徒所愚弄。我們更要進一步結合大陸同胞的力量，共同努力，把馬列主義和胡趙鄧邪惡，徹底消滅。

12月13日　星期四

下午

三時二十分，在府見汪秘書長道淵。

三時三十三分，見張副秘書長祖詒。

三時五十七分，見倪院長文亞。

四時二十七分，見北美事務協調會駐美副代表程建人。

五時二十八分，見郝總長柏村。

五時五十分，見宋部長長志。

12月14日　星期五

中華民國各界表揚七十三年好人好事代表大會，定今日在臺北市中山堂舉行，總統特頒書面賀詞，期勉國人秉持愛心，抱持誠意，人人以做好人自勉，以做好事自勵，三民主義統一中國大業也就指日可待。

中華民國各界表揚七十三年好人好事代表大會書面賀詞

　　欣逢中華民國各界表揚七十三年好人好事代表大會，本人特向當選接受表揚之諸位代表深致致賀之忱。

　　各位當選好人好事代表的事蹟，不論是崇禮尚義，捨身救人，孝親尊長，或熱心公益，都是中國固有道德之具體實踐。近年來由於政府勵精圖治，全國軍民同胞胼手胝足，辛勤耕耘，使復興基地各項建設突飛猛進，到處是一片繁榮富庶景象。各位的善行義舉，為現代社會樹立了良好標竿，為道德規範注入了新的生命，更能導正人心，增進和諧。

　　國父說：「有道德始成國家；有道德始成社會」，正是此意。希望今後國人皆能注重身心修持，崇尚家庭倫理，袪除一切散漫、奢侈習性，使國民生活在固有文化薰陶之下，修明人我關係。秉持愛心，抱持誠意，器度自然寬宏，處世定能謙抑，一個富而好禮的社會，也就水到渠成了，讓人人以做好人自勉，以做好事自勵，三民主義統一中國的大業也就指日可待。

12 月 15 日　星期六

今日明令襃揚私立中原大學故董事長張靜愚。

下午

三時三十分，在大直寓所見俞院長國華。

12 月 16 日　星期日

下午

四時二十八分，在大直寓所見汪秘書長道淵。

12 月 17 日　星期一

上午

九時三十四分，至圓山飯店理髮。

十時二十五分，在府見張副秘書長祖詒。

下午

四時，在府接見美國聯邦眾議員懷賀德夫婦、白特曼夫婦、強生暨其夫婿等六人。

四時三十九分，見北美事務協調會駐美副代表程建人。

五時二十四分，見國防部駐美採購勤務團團長果芸。

五時五十七分，見張副秘書長祖詒。

12 月 18 日　星期二

中央研究院第十六次院士會議，今天揭幕，總統特頒書面致詞，勉勵與會院士，能繼續秉持「學術報國、學術建國」的襟懷與志節，提供智慧與經驗，共同奮進，使三民主義統一中國的目標早日完成。

下午

四時〇五分，在府見汪秘書長道淵。

四時五十分，見蔣秘書長彥士。

五時二十四分，見朱部長撫松。

中央研究院第十六次院士會議書面致詞

吳院長暨各位院士先生：

　　中央研究院第十六次院士會議今天揭幕，群彥畢集，濟濟一堂，共商國家學術的發展方針，為學術研究貢獻心力，經國十分感佩，對於由海外遠道回國出席會議的院士，更要表示熱烈歡迎之意。

　　這些年來，我中華民國在整個世界危疑震撼之中，幸賴全國同胞的團結奮鬥，突破重重困難，屹立不搖。現在復興基地的各項成就，已為國際所不能忽視，更為大陸十億同胞所嚮往。

　　我們能有今天的初步成就，主要的憑藉，除了三民主義理想的正確指導之外，就是民心和人力，加上教育的紮根，這是我們推動國家進步的原動力。中央研究院是國家最高的學術機構，各位院士先生居於學術方面的領導地位，潛心研究，累積了許多智慧和經驗，對國家建設提供了重大貢獻，各位學術報國的精神和志節，早為國人所肯定。

　　我們中國的政治和社會傳統，是大家都尊重知識份子，同時對知識份子的期望也格外殷切。知識份子本身，也多具有以天下為己任的抱負，不以獨善其身為滿足，而更要兼善天下。各位處在今日的時代，更是具有

獨特的歷史使命，尤望各位懷抱堅忍弘毅、任重道遠的擔當，共同努力，從各個學術領域裡，齊頭並進，來建設一個以固有文化為經、現代文明為緯的文化，進而致力恢宏中華文化的精義，使中華文化歷久彌新，光芒永照。

三民主義傳承中華文化的精華，是我們復國建國的最高指南。各位院士先生都是學識淵博、望重士林的碩彥，對國家民族充滿了摯愛，深盼各位繼續秉持「學術報國、學術建國」的襟懷與志節，提供智慧與經驗，共同奮進，使三民主義統一中國的目標早日完成。

敬祝會議成功，大家健康愉快！

12 月 19 日　星期三

上午

八時三十五分，在臺北賓館見蔣秘書長彥士。

九時，主持中常會。

十時三十五分，見行政院政務委員馬紀壯。

下午

四時〇六分，在大直寓所見宋主任楚瑜。

12 月 20 日　星期四

下午

四時三十三分，在大直寓所見汪秘書長道淵。

12月21日　星期五
下午

三時三十二分，在府見汪秘書長道淵。

三時五十六分，聽取海軍劉總司令和謙簡報，在座者尚有宋部長、郝總長等。

四時四十二分，見宋部長長志。

四時四十九分，見政戰學校曹校長思齊。

四時五十六分，見新任本府人事處處長錢銓。

五時○五分，見蔣秘書長彥士。

12月22日　星期六

今日頒「長才未竟」輓額，以悼念行政院同步輻射研究中心用戶培育小組主任浦大邦之喪。

上午

九時○七分，在府見李副總統。

九時四十分起，分別見郝總長柏村、經濟部徐部長立德、警備陳總司令守山、聯勤溫總司令哈熊。

中午

十二時五十八分，在大直寓所見汪秘書長道淵。

下午

三時二十八分，在大直寓所見俞院長國華。

五時○七分，見黨史會秦主任委員孝儀。

六時十二分，見汪秘書長道淵。

12 月 23 日　星期日

上午

九時五十八分，在大直寓所見俞院長國華。

下午

三時二十三分，在大直寓所見汪秘書長道淵。

四時二十一分，見郝總長柏村。

12 月 24 日　星期一

上午

十時四十二分，至圓山飯店理髮。

下午

三時○一分，在府見外交部朱部長撫松。

三時二十七分，見汪秘書長道淵。

三時三十三分，見國家安全局汪局長敬煦。

四時○四分，見駐沙烏地阿拉伯王國蔡大使維屏。

四時十六分，見張副秘書長祖詒。

12 月 25 日　星期二

上午

九時，在中山堂主持慶祝中華民國七十三年行憲紀念大
會、國民大會憲政研討委員會第十九次全體會議暨國民
大會代表七十三年度年會聯合開會典禮，並致詞期勉國
人團結在憲政體制下，以理性化偏激，以忠恕致祥和，
發揮風雨同舟的情感，和衷共濟的精神，塑造一個健康

的、可大可久的民主法治憲政規模。

下午
四時二十三分，在大直寓所見俞院長國華。
六時，見秦主任委員孝儀。

中華民國七十三年行憲紀念講詞

諸位代表先生：

　　中華民國七十三年行憲紀念，正逢國父建黨革命的
九十週年，又是國父開講三民主義的六十週年，今天與
國民大會憲政研討會全體會議和國民大會代表年會，在
此同時舉行聯合開會典禮，格外覺得意義重大。對於諸
位代表先生為促進三民主義憲政所作的卓越貢獻，尤深
欽佩。

　　國父致力國民革命，其目的在求中國之自由平等；
手創三民主義，更要在自由平等的基礎上，建設中國成
為一個富強康樂的國家。中華民國開國以來，雖然連遭
內憂外患，國步多艱，但遵循國父遺教的明確指引，
推動三民主義建設的努力，從不稍懈。即使在八年抗戰
兵疲民困之後、共匪乘機全面作亂之際，先總統蔣公仍
以堅忍剛毅的果決，排除萬難，公布憲法，實行民主憲
政，為國家奠下了萬世不拔的根基。今天我們紀念行
憲，緬懷兩位偉大領袖的英明睿智，高瞻遠矚，實有無
限的追思與崇敬。

　　民主憲政的進展，總要經過探索、追求、調整、適
應等等曲折的歷程，必須突破許多障礙，才能定著一個

合於國情的型態。中華民國行憲至今三十七年，從民主
政治發展的歷史觀點來看，誠然為時尚短，還未到達圓
滿成熟的階段；特別是甫進憲政，立即面臨共匪叛亂、
竊據大陸的非常局面，但是構建一個健全的民主憲政體
制，來推動全盤國家建設的決心與信念，未有一日動
搖。事實上三十多年來，我們在復興基地穩紮穩打實踐
的成果，已經充分證驗了三民主義憲政建設的正確性與
優越性，我們必將繼往開來，貫徹始終！

　　當前戡亂大業未竟，國家處境特殊，不能不有若干
因時因地的制宜措施，而不離憲政的規範，仍是不變的
定則，這是我們力行憲政的執著，也是制勝敵人最大的
憑藉。因之，去年今日經國曾向貴會指陳：「非常時期
之認知不可無，現行憲政之體制不可變」，也就是要肆
應變局，同時也要弘揚憲治，而不以變易常，期能做到
「處非常之時，奠久安之基」。又在今年五月二十日的
就職典禮中闡明：「今天反共建國的基本國策絕對不變
的大前提已早為國人所肯定，安定與進步必須兼籌並顧
的大原則也久為國人所認同，因之國家的大是大非、應
興應革，也無不可以開誠布公，獲得共識。」經國願再
進申幾點看法，以為國人建立共識的借助。

　　其一、我們認為，反共復國之戰，是理念之爭，是
制度之爭，關係到國家民族的存亡絕續，原是長期的革
命，必須抱著「堅百忍以圖成」的毅力，來面對這一挑
戰。也就是反共復國一日未成，國家艱困的處境一日存
在，自然這是極為嚴肅的形勢。但我們在長期艱困中，
歷經驚濤駭浪，百折不撓，愈戰愈強，明白證實了「共

產主義必敗，三民主義必勝」。所以現行基本國策必須堅持到底，並須以更大的堅忍，克服可能發生的更多危難，渡過黎明來臨的前刻。這一絕不動搖的決策，應為國人所共知與支持。

其二、我們瞭解，在一個多元化的開放社會中，各種活動與現象的發展，錯綜複雜，大家對於國家社會的事務，各別利害不同，往往見仁見智；同樣對於政府施政，可能亦因各別觀點互異，而有不同的主張。這些都是現代民主自由社會的常態，也都可以辯論。問題是在如何調和損益，異中求同，則是政府應盡的責任，但必須以維護國家社會的整體利益為最高原則。在此大原則下，只要無偏無私，都以國家利益為優先，就無不可以探討，俾能確保國家的安全與社會的安定。這一基本立場，應為國人所共諒與合作。

其三、我們深知，國家的進步，有賴於不斷的創造，不斷的革新，決不能以既有成就為滿足。而革新求進，不僅要在做法上超越，更要在想法上突破，否則終將落伍。我們不能否認，今天國家建設中的許多事務，在行動和觀念上，都還需要增加「再革新、再進步」的動力，方能除去若干瓶頸的困阻。為此必須集思廣益，坦誠溝通，大家目光向前，胸襟豁達，來開創國家社會的新氣象、新境界。政府有關部門，亦必樂於接納建言，勇於積極作為。這一求實求是的態度，應為國人所共察和鼓勵。

其四、我們確信，團結便是力量，分化必趨滅亡。唯有融合智慧，集中意志，團結在國家目標之下，團結

在憲政體制之下，以理性化偏激，以忠恕致祥和，發揮
風雨同舟的情感，和衷共濟的精神，塑造一個健康的、
可大可久的民主法治憲政規模，齊為建設一個現代化國
家而努力，才能早日完成以三民主義統一中國的神聖使
命。深願這一份精誠，能為國人所共信共勉。

　　諸位代表先生，表率群倫，代表全國民意，為維護
三民主義憲政，不遺餘力，已在中華民國憲政史上留下
豐功偉績。諸位讜論國政，洞徹大義，對於開展國家前
途，必多卓識遠見，際此國勢可為、國運剝復的時刻，
甚望秉持精忠報國的志節，籌策中興再造的大計，啟迪
全民，匡輔政府，同為反攻救國使命而努力。經國所提
各點，都是發乎至誠，出自肺腑的由衷之言，尤望指教
與策勉。相信只要我們海內外同胞，具同心同德情懷，
抱必勝必成信念，大家堅忍精進，團結奮鬥，就沒有衝
不過的難關、打不倒的敵人，復國建國大業必能在我們
手中完成，大陸同胞也必能重沐三民主義憲政的光輝！

　　敬祝大會圓滿成功，諸位代表先生健康愉快！

12月26日　星期三

上午

八時三十七分，在臺北賓館見蔣秘書長彥士。

八時五十分，見臺灣省政府邱主席創煥。

九時，主持中常會。於聽取從政同志行政院院長俞國華
與經建會主任委員趙耀東報告十四項重要建設計畫執行
概況後，特作提示指出，行政院提出的這項計畫與政府
過去推動完成的十項與十二項建設計畫，有其連貫性，

是可行的整體性計畫，希望本黨同志，全力支持，並結
合民間力量，配合這項計畫，共同努力，順利推進。

十時三十四分，見俞院長國華。

十時四十三分，見秦主任委員孝儀。

12 月 27 日　星期四
【無記載】

12 月 28 日　星期五
總統府戰略顧問賴名湯之喪，今日在市立殯儀館舉行公
祭，總統除題頌「勛猷著績」輓額悼念外，特派參軍長
馬安瀾上將代表致祭。

12 月 29 日　星期六
今日對國民大會代表年會上電致敬事，特覆電申謝。

上午
九時四十二分，在府見宋部長長志。

十時〇三分，見張副秘書長祖詒。

下午
三時二十八分，在大直寓所見俞院長國華。

四時五十五分，見宋主任楚瑜。

覆電申謝國民大會
第一屆國民大會全體代表公鑒：

　　（七三）亥有代電敬悉。各位代表先生於七十三年

度年會，發抒宏論，強化民主憲政規模，籌策中興，至
深欽佩。復荷代電加勉，敬申謝忱。並望堅忍團結，共
同奮進，使大陸同胞早日重沐三民主義憲政的光輝，順
頌春禧。

蔣經國

12 月 30 日　星期日

下午

三時四十分，在大直寓所見汪秘書長道淵。

五時〇九分，見蔣秘書長彥士。

12 月 31 日　星期一

上午

八時二十三分，至圓山飯店理髮。

九時〇二分，在府巡視介壽堂。

九時二十八分，見汪秘書長道淵。

九時三十五分，見張副秘書長祖詒。

十時十七分，見李副總統。

十時三十九分，再巡視介壽堂。

十時五十五分，見中央研究院院士丁肇中博士。

十一時三十六分，見馬參軍長安瀾。

下午

三時五十一分，在大直寓所見宋主任楚瑜。

民國日記 71

蔣經國大事日記（1984）

Daily Records of Chiang Ching-kuo, 1984

主　　編　民國歷史文化學社編輯部
總 編 輯　陳新林、呂芳上
執行編輯　林弘毅
美術編輯　溫心忻
封面設計　溫心忻
文字編輯　詹鈞誌

出　　版　開源書局出版有限公司

香港金鐘夏愨道 18 號海富中心
1 座 26 樓 06 室
TEL：+852-35860995

民國歷史文化學社 有限公司

10646 台北市大安區羅斯福路三段
37 號 7 樓之 1
TEL：+886-2-2369-6912
FAX：+886-2-2369-6990

http://www.rchcs.com.tw

初版一刷　2021 年 5 月 20 日
定　　價　新台幣 380 元
　　　　　港　幣 103 元
　　　　　美　元 15 元
I S B N　978-986-5578-28-2

版權所有・翻印必究
如有破損、缺頁或裝訂錯誤
請寄回民國歷史文化學社有限公司更換

國家圖書館出版品預行編目 (CIP) 資料

蔣經國大事日記 (1984) = Daily records of Chiang
Ching-kuo, 1984/ 民國歷史文化學社編輯部主
編 . -- 初版 . -- 臺北市 : 民國歷史文化學社有限公
司 , 2021.05

　面；　公分 . -- (民國日記；71)

ISBN 978-986-5578-28-2 (平裝)

1. 蔣經國　2. 臺灣傳記

005.33　　　　　　　　　　　110006861